世界历史穿越报

SHIJIE LISHI CHUAN YUE BAO

用有趣的文字
讲真实的历史

我们的老邻居

彭凡 / 著

全国百佳图书出版单位
化学工业出版社
·北京·

图书在版编目（CIP）数据

世界历史穿越报. 我们的老邻居/彭凡著. —北京：
化学工业出版社，2022.4（2023.11重印）
　ISBN 978-7-122-40690-3

Ⅰ.①世… Ⅱ.①彭… Ⅲ.①世界史-儿童读物
Ⅳ.①K109

中国版本图书馆CIP数据核字（2022）第022998号

责任编辑：孙　炜　　　　　　　文字编辑：贾全胜　陈小滔
责任校对：赵懿桐　　　　　　　装帧设计：尹琳琳

出版发行：化学工业出版社（北京市东城区青年湖南街13号　邮政编码100011）
印　　装：天津图文方嘉印刷有限公司
710mm×1000mm　1/16　印张12　2023年11月北京第1版第3次印刷

购书咨询：010-64518888　　　　　　售后服务：010-64518899
网　　址：http://www.cip.com.cn
凡购买本书，如有缺损质量问题，本社销售中心负责调换。

定　　价：39.80元　　　　　　　　　　　　　　　　版权所有　违者必究

世界历史穿越报

·我们的老邻居·

前　言

每个民族，都有自己的过去。

每个国家，都有自己的历史。

那么，那些跟我们不同肤色、不同语言的人们，他们又是从哪里来的呢？

他们会不会和我们一样，也有自己的黄河母亲？

他们是怎么学会说话和写字的？

他们也爱吃米饭跟馒头吗？

他们也穿丝绸做的衣裳吗？

他们也有皇帝吗？他们的皇帝跟我们的皇帝一样拥有至高无上的权力吗？

他们创造过哪些了不起的成就和辉煌呢？

也许，他们有很多跟我们一样的地方，但他们一定也有很多跟我们不一样的地方。

为了搞清楚这些问题，我们报社的工作人员全体出动，乘坐时光机，穿越遥远的时空，去探访世界各地的人们曾经是怎么生活的，去见证在他们身上发生过哪些波澜壮阔的事情。

我们将采访到的一切，都刊登在《世界历史穿越报》中。我们将报纸做成一个合订本，每册有10~12期。这套《世界历史穿越报》一共有十个合订本，分别记录了我们在不同时空、不同国家的所见所闻。

每一期报刊都是我们冒着生命危险，辛苦采访和探寻的结晶，相信里面精彩的栏目和内容一定会让你大饱眼福——

"世界风云"是主打栏目。这里刊登的全是世界大事，譬如国家的诞生、战争与荣耀，以及帝王的生平事迹，等等。

"自由广场"是一个有趣的栏目。这里刊登了我们在各个时空的酒吧中搜集的各种奇奇怪怪的言论。你会发现，古人和今人一样，也喜欢聚在一起讨论各种八卦新闻呢。

"奇幻漂流"是我们专门为历史人物设立的一个来信栏目。他们遇到疑惑和烦恼，会给报社来信，我们有专业的编辑贴心为他们解答疑惑，抚慰他们的心灵。

"名人来了"是一个采访栏目。我们派出报社最八卦、最大胆的记者越越，去采访当时最杰出、最有争议的名人，挖掘他们的内心世界，将他们最真实的一面展现给大家。

另外，我们还有"智慧森林""嘻哈乐园""广告贴吧"等栏目，为大家展现当时最先进的科学技术，最时髦的文化潮流，以及一些五花八门的广告、漫画等，一定让你目不暇接，忍俊不禁。

最后，我们希望读者们能够通过这套报刊，学到知识，认识世界，然后成为一个视野开阔、见识广博的人。

目　录

第 ❶ 期　日本特刊：爱修坟的人

【顺风快讯】倭国使者拜见魏国皇帝 2
【世界风云】大和与大和的子民们 3
　　　　　　两虎相争，谁能笑到最后 5
【自由广场】坟修得越大，地位越高 7
【奇幻漂流】第一任天皇是中国人吗 8
【名人来了】特约嘉宾：苏我马子 9
【广告贴吧】给倭国女王的诏书 11
　　　　　　摔跤比赛公告 11
　　　　　　为尝新节做准备 11

第 ❷ 期　日本特刊：向大唐学习

【顺风快讯】日本第一个女天皇登基 13
【自由广场】太子改革，路在何方 14
【世界风云】天皇之位，谁做主 15
　　　　　　"乙巳之变"，苏我氏倒台 18
　　　　　　大化改新，日本步入东亚强国 21
【智慧森林】晁衡与鉴真，中日好伙伴 24
【奇幻漂流】遣唐使应该取消吗 26
【名人来了】特约嘉宾：元明天皇 27
【广告贴吧】欢迎购买《怀风藻》 29
　　　　　　更改国号诏令 29
　　　　　　尊孔子为"文宣王" 29
　　　　　　上皇遗诏 29

第❸期　日本特刊：幕府时代

【顺风快讯】	都城闹鬼，天皇要迁都	31
【世界风云】	日本最有权力的人	32
	地主、庄园和武士	33
【自由广场】	三皇并立，谁最大	35
【世界风云】	两个天子争天下	37
	平清盛抱憾而终，源赖朝咸鱼翻身	39
【奇幻漂流】	"神风"拯救了日本	41
【名人来了】	特约嘉宾：源义经	42
【广告贴吧】	欢迎购买《源氏物语》	44
	招阴阳师	44
	征婚启事	44
	土地可以承包了	44
【智者为王】	智者为王第1关	45

第❹期　日本特刊：武士大战

【顺风快讯】	天皇倒幕，将军倒戈	47
【世界风云】	两个继承人	48
	"甲斐之虎"和"越后之龙"	49
	织田信长一战成名	51
【自由广场】	织田信长要统一日本了	54
【奇幻漂流】	士可杀，不可辱	55
【名人来了】	特约嘉宾：织田信长	56
【广告贴吧】	安土城顺利竣工	58
	关于兵农分离的公告	58
	求助帖	58

第❺期　日本特刊：他统一了日本

- 【顺风快讯】为信长报仇，秀吉立大功 ... 60
- 【绝密档案】秀吉的发家史：从无赖到大名 ... 61
- 【世界风云】统一日本，草根受封"关白" ... 63
  - 目标：拿下朝鲜，攻下中国 ... 64
  - 日本第一忍者，一战定天下 ... 66
- 【自由广场】为什么没人推翻天皇 ... 69
- 【奇幻漂流】我要颁布"锁国令" ... 70
- 【名人来了】特约嘉宾：德川家康 ... 71
- 【广告贴吧】招少年使者 ... 73
  - 围棋棋会，欢迎前来挑战 ... 73
  - 北野大茶会等你来 ... 73

第❻期　朝鲜半岛特刊：三国争霸

- 【顺风快讯】圣人箕子开辟新天地 ... 75
- 【奇幻漂流】卫满是忠臣，还是贼子呢 ... 77
- 【世界风云】马韩统一三韩部落 ... 78
  - 高句丽：一个神奇的故事 ... 80
  - 新罗受欺负，大唐来帮忙 ... 82
- 【自由广场】新罗是个白眼狼 ... 85
- 【名人来了】特约嘉宾：武烈王金春秋 ... 86
- 【广告贴吧】八大法令 ... 88
  - 招入唐留学生 ... 88
  - 请善待巨蛋男孩 ... 88
- 【智者为王】智者为王第2关 ... 89

第 7 期　朝鲜半岛特刊：高丽王朝

【顺风快讯】	三国又"复活"了	91
【奇幻漂流】	科举挺好，就是见效太慢	92
【世界风云】	一张巧嘴退契丹	93
	武官翻身了	95
	高调抗蒙三十年，还是投降了	96
【自由广场】	跟着国王赶时髦	99
【名人来了】	特约嘉宾：王建	100
【广告贴吧】	关于实行田柴科的公告	102
	卖奴隶啰	102
	征书友	102
	联姻公告	102

第 8 期　朝鲜半岛特刊：朝鲜王朝

【顺风快讯】	将军反水，建立新王朝	104
【奇幻漂流】	我的江山我做主	105
【世界风云】	王子之乱，五子夺位	106
	咸兴问使，太上王归不归	108
	发明谚文，反被当作野蛮人	110
	带血的复仇之路	112
【自由广场】	不要讨论国家大事	114
【名人来了】	特约嘉宾：李芳远	115
【广告贴吧】	朝鲜男子实行号牌法	117
	铁马机械，领先世界	117
	妻妾有分，嫡庶有别	117

第❾期　古俄罗斯特刊：爱打仗的老祖宗

【顺风快讯】	东欧出了个新王国	119
【绝密档案】	化敌为友，海盗变亲人	120
【自由广场】	海盗，罗斯人的"保护神"	123
【世界风云】	挑战帝国的英雄	124
	奥丽加为夫报仇	126
【娱乐八卦】	死马也能害死人	127
【奇幻漂流】	东罗马皇帝是不是怕我	128
【名人来了】	特约嘉宾：弗拉基米尔一世	129
【广告贴吧】	苦难的航行即将开始	131
	征酒友	131
	为国效力的时候到了	131
【智者为王】	智者为王第 3 关	132

第❿期　古俄罗斯特刊："狼"来了

【顺风快讯】	聪明人不走回头路	134
【自由广场】	"狼"来啦	135
【奇幻漂流】	如何让罗斯人臣服	136
【世界风云】	冰河英雄涅夫斯基	137
	因祸得福，莫斯科当老大	140
	宁可光荣地死，不要屈辱地活	142
【名人来了】	特约嘉宾：伊凡·卡利达	143
【广告贴吧】	抗议书	145
	听八思哈的话	145
	参军动员令	145

第 ⑪ 期　古俄罗斯特刊：两个伊凡大帝

【顺风快讯】	莫斯科大公迎娶拜占庭公主	147
【世界风云】	伊凡三世统一罗斯	148
	逃跑国王捡了个胜利	150
	俄罗斯的出海梦	153
【奇幻漂流】	如何对付西伯利亚人	156
【自由广场】	可怕的伊凡	157
【名人来了】	特约嘉宾：伊凡四世	158
【广告贴吧】	禁止农民迁移	160
	给我一块木头，还您一件艺术品	160
	一起去俄罗斯做生意吧	160

第 ⑫ 期　印度特刊：蒙古人在印度

【顺风快讯】	"老虎"在印度称王	162
【奇幻漂流】	蒙古人在印度安家	163
【自由广场】	阿克巴的"蜜枣"与"巴掌"	164
【世界风云】	文盲皇帝治天下	165
	宽容帝王，辉煌盛世	167
	泰姬陵，一座爱情的纪念碑	169
【娱乐八卦】	一只拖鞋，征服 17 个国家	171
【名人来了】	特约嘉宾：奥朗则布	173
【广告贴吧】	宫中将举办细密画展	175
	好消息	175
	沉痛悼念伟大的国王西瓦吉	175
【智者为王】	智者为王第 4 关	176
【智者为王答案】		177
【世界历史大事年表】		179

第1期

【公元1世纪—591年】

日本特刊：爱修坟的人

穿越必读

　　日本位于中国东部，是由本州、九州、北海道几个大岛和若干小岛组成的国家，面积只有中国的云南省那么大。"日本"意为太阳升起的地方。

　　而大和是日本历史上第一个统一的政权，这段时期的贵族营建了大量古坟，所以又叫"古坟时代"。

顺风快讯

倭国使者拜见魏国皇帝
——来自魏国洛阳的特别快报

来自魏国洛阳的特别快讯

（本报讯）公元239年（三国时期），魏国都城洛阳迎了一群从东海来的客人。

这些人和中国人一样，也是黑头发、黄皮肤，只是长得有点矮小。他们自称是邪（yé）马台国人，受女王卑弥呼之命，前来朝见魏国皇帝曹叡。

曹叡听了一脸疑惑，命人一查——原来，邪马台是海对面九州岛上的一个国家。岛上原本有一百多个小国（其实是部落），经过一番打杀后，只剩下二三十多个，由邪马台统领。早在西汉时期，邪马台就已向中国纳贡，被汉武帝赐名为"大倭"（"倭"有矮小、顺从的意思）。

女王卑弥呼是个祭司，一生没有结婚，也没有人知道她长什么样子。隔壁的狗奴国欺负她是个女流之辈，总是向她挑衅。女王知道中国比自己更发达、更强大，这次是特地来寻求帮助的。

曹叡听了很高兴，于是封女王为亲魏倭王，还专门派人前去调解。狗奴国不敢得罪魏国，和邪马台罢兵言和。

之后，邪马台一直和中国保持友好往来。直到女王去世，中国才渐渐没了邪马台的消息。

大和与大和的子民们

公元3世纪,本州岛冒出一个叫大和的部落。他们和邪马台一样,喜欢与中国交朋友。汉人们漂洋过海,给大和带来了先进的养蚕、冶铁、纺织等生产技术。

经过两百年的建设,大和的国力噌噌地往上涨。到了公元5世纪,他们征服了岛上大大小小的国家,建立了一个比邪马台更强大的国家,国号"大和"。

大和的最高统治者叫"大王"(后改称天皇)。天皇把夺来的土地分为两部分,一部分分给皇室,另一部分分给贵族,并给他们赐姓。贵族们根据出身高低,如"臣""连""君""别""直""造""首""史"等,由天皇赐姓。其中臣、连、君三姓级别最高,分别管理大和的行政、军事及祭祀事务。

除了一般平民外,地位最低下的,是为他们做事、受他们奴役的人,叫作"部民"。

部民的来源主要有两个:一个是被征服的部落氏族,一个是由中国、朝鲜迁过来的移

出身贵族就是好!

世界风云

民。这些人根据不同的专长，编入不同的部。比如，做农活的，被编入"田部""舂米部"等农业生产部，人数最多。有技术的，被编入"织锦部"（做纺织）、"土师部"（制陶器）、"锻冶部"（制铁器）等手工业生产部。能写会画的，则被编入"文部"和"吏部"。各部的领导叫作"伴造"，一般由地位较低的贵族担任。

部民们创造的财富最多，人数也最多，受的苦也最多。他们没有姓氏，没有自由，没有财富，更没有土地，跟奴隶差不多。

而贵族们，实行的是世袭官制，只要一人当官，子子孙孙都可以当官，世世代代享受各种特权。尤其是朝中的贵族，霸占着最高的权力和位置，还占有大量部民和田地，就连中小贵族也是他们奴役的对象。

于是，整个大和就是这样一番景象：拥有大量土地的贵族，想拥有更多的部民；获得大量部民的贵族，又想占有更多的田地。天皇、大贵族和中小贵族之间争斗不断。在没完没了的争斗中，部民们则成了案板上的鱼肉，任人宰割……

两虎相争，谁能笑到最后

公元6世纪，大和贵族们的斗争越发激烈。其中斗得最狠的，是大和最大的两个官——大连物部尾舆和大臣苏我稻目。

物部尾舆出身豪族，手握军权，在朝中有权有势。苏我稻目虽然来自朝鲜半岛，但他的两个女儿都嫁给了天皇，也有很多人争着抢着巴结他。俗话说"一山难容二虎"，双方都视对方为眼中钉，时时刻刻都想除掉对方。

公元552年，朝鲜半岛上的百济国派人给天皇进献了一尊佛像和几卷佛经，向他宣扬佛教。天皇不知如何是好，向大臣们征求意见。

物部尾舆说："我们大和自己就有一百八十多神灵，何必要无端端地信奉外来的神灵呢？"

苏我稻目却说："各国都在崇佛拜佛，大和怎能例外？"

天皇觉得老丈人说得有道理，就把佛像交给他，让他试着推广佛教。苏我稻目也很高兴，不仅把自己家改成佛寺，还让全家人都来拜佛念经。

然而不久，大和暴发了一场大瘟疫，死了很多人。

物部尾舆的儿子物部守屋趁机攻击苏我稻目，说这是拜佛惹的祸，惹恼了本地的神灵，要求"恢复传统"。

天皇没有办法，只好下令烧毁佛寺，把佛像扔进了河里。

自由广场

坟修得越大，地位越高

某中国移民：我发现你们大和什么都没有，就一样东西特多——坟墓！你们也真奇怪，没事修什么坟墓呢？还说坟墓是身份的象征，谁的墓修得越大，谁的地位越高，身份就越尊贵。有这么多钱，生前建个大房子住不更好吗？

某朝鲜移民：就是！前几天我去看了大仙古坟（史称仁德天皇陵），说是整个大和修得最大的一座！我的妈呀，确实大，一层层往上叠，足足有十层楼那么高，看着都让人害怕！以我的判断，起码要2000多人修建将近16年才能建成！你们把坟墓修这么大干吗？死人用得了那么大的地方吗？

某大和贵族：你不懂，不修得大，我们生前享用的东西，什么铜器啦，玉器啦，金银首饰啦，还有用黏土烧成的战马、舞女、帆船啦，怎么装进去？那我们死后还如何维持生前一样的生活水准？

土师部某部民：其实这都是我们穷人的血汗啊！唉，现在生活水平提高了，有钱人的把戏也多啦。我们这些穷人连这辈子都过不好，他们倒好，把死后的生活都考虑到了，真是不公平呀！

奇幻漂流

第一任天皇是中国人吗

编辑老师:

您好。我是一个大和人。从小我就听爷爷说,在我们大和,天照大神(也称太阳女神)是最厉害、地位最高的神,而天皇是天照大神的后代,对此,我一直以为是真的。

可最近我听到一个传说,说中国秦朝有一个叫徐福的方士,为了帮秦始皇寻找长生不老药,带着3000童男童女来到我们大和,教我们耕田、织布、建房子等等。所以,这些童男童女就是我们的祖先,而徐福就是我们的第一任天皇。

这可把我弄糊涂了。我们的第一位天皇真的是中国人吗?

—— 一个有点糊涂的大和男孩

糊涂的大和男孩:

您好。关于这个传说,不仅你们大和有,中国也有。不过,徐福并非传说人物,秦始皇确实曾派他去寻找长生不老药,结果徐福出海后,一去不复返,再也没有回来复命。据说他去了一个仙岛,这个岛是不是大和,我就不知道了。

不过,按照你们大和的传说,第一任天皇神武天皇的即位时间不是公元前660年吗?根据中国历史记载,这时候秦朝都还没有开始呢!

实际上,天皇名称最早的文字记载是公元673年。关于历代天皇的好多事迹都是神话级别,哪些是真,哪些是假,实在难以分辨。希望你努力读书,早日把这些问题解答出来吧。

名人来了

特约嘉宾
苏我马子
（简称"马"）

越越
（简称"越"）

嘉宾简介：苏我稻目之子，天皇的亲戚，能征善战，机智善辩。和父亲一样，他也主张向中国学习。在与物部氏的战争中，他取得了最终的胜利，登上了大和国的权力顶峰，风光无限。

越：（施礼）参见宿袮（大和对贵人的敬呼）。

马：小记者好有礼貌，欢迎你来到大和。我很喜欢中国。

越：那您去过中国吗？

马：没有。希望以后能去吧。中国人很厉害，能学到一点皮毛都受益无穷，相信去一次，一定受益匪浅。

越：中国也欢迎您。——听说您父亲也是个中国迷？

马：嗯，父亲一直主张向中国学习，可惜那该死的物部氏老打岔。

越：物部氏胆子也挺肥的，你们是皇后的娘家，他怎么敢得罪你们呢？

马：怎么不敢？他们为官多年，根基也极为深厚。不然，我的父亲怎么会败给他们呢？

越：说的也是。但现在老一代都已经不在了，你们这新一代应该关系缓和了一点吧？

马：（摇头）老子不在了，还有儿子啊。老家伙的儿子物部守屋一样让人讨厌！

越：怎么个讨厌法？

马：说起这事就让我生气。前几年，我想在国内弘扬佛法，结果碰上瘟疫，这物部守屋就跑到天皇面前告了我一状，说是我惹的祸。气得我啊，在床上连连躺了三个月。

越：噢，怎么跟他爹一个德性？那后来呢？

马：后来瘟疫没治好，天皇和物部守屋却病倒了。天皇就给了我点薄面，允许我一个人修行了。

名人来了

越：那这事就算了结了吧？

马：表面上是了结了，但实际上，没过多久，天皇死了，我们又打起来了！

越：新天皇不管？

马：新天皇还没影儿呢！

越：那打什么打啊，赶紧立个新的天皇才要紧！

马：是啊，但是他要立甲，我要立乙，你说，听谁的？

越：简单，大家石头剪刀布！分分钟解决！

马：小记者，这可不是过家家。有我没他，有他没我！

越：这么狠？

马：权力面前，不是你死，就是我亡！

越：那看来是您赢了，不然，我采访的对象应该不是您了。那能跟我说说您的成功是如何来的吗？

马：简单！先下手为强，后下手遭殃！我抢先一步，让人把物部氏想立的那个皇子"咔嚓"了！

越：啊，您把皇子给杀了？

马：只要皇子死了，这物部氏没了后台，哪是我的对手？现在物部氏已经没办法让我讨厌了，因为我已经将他们连根拔掉，哈哈！（注：物部氏被平定之后，大连的职位被取消了。）

越：这个……您连皇子都敢杀，不怕有人对您有意见吗？

马：有意见又如何？现在的崇峻天皇是我的外甥，凡事都听我的，我还怕别人？

越：对您有意见的就是崇峻天皇啊。听说有人献了一头猪给他，他说"总有一天，我要像砍掉这个猪头一样，杀死我讨厌的那些人"。您确定他讨厌的不是您？

马：（面色凝重）哦，有可能，怪不得最近宫中增加了不少兵力，原来是想对付我啊。

越：那您怎么办？

马：既然这样，不是你死就是我亡！还是那句话，先下手为强，后下手遭殃！嗯。我先召集人马去准备了，小记者再见。

广告贴吧

给倭国女王的诏书

倭国这么遥远，还派遣使节漂洋过海来我朝朝拜，忠心实在可嘉。所以，朕现在封你为亲魏倭王，赏大米、各色布匹、高级丝绸若干，黄金八两，铜镜百枚，珍珠五十斤。你可以将以上物品给国民看看，让他们知道我朝对你的怜爱及支持。

魏国皇帝曹叡

摔跤比赛公告

今天下午，本国摔跤冠军当麻蹶宿将和一个叫野见宿祢的人在山下谷场举行一场摔跤比赛。前者力大无穷，据说能把牛角拧断，把铁钩拉直。而后者敢于应战，相信实力也不俗。两人到底谁才是真正的大力王呢？答案即将揭晓，欢迎大家前往观看。

山下晒谷场

为尝新节做准备

值尝新节来临之际，仁德天皇将在宫中大宴群臣。为办好这次宴会，皇后将亲自带队，由宫女陪同，前往熊野山采集柏树叶。请相关人员做好准备，恭迎皇后代表团。

大和民部

第 2 期

【571年—794年】

日本特刊：向大唐学习

穿越必读

　　以外戚臣子苏我氏为首的豪族势力权倾朝野，引起天皇家族的强烈不满。在一番激烈的你争我夺之后，天皇的权力逐步加强，日本迎来了一个和平盛世——奈良时代。

日本第一个女天皇登基
——来自都城飞鸟川的加急快讯

（本报讯）崇峻天皇死后，公元592年，一个重磅消息在日本上空炸开——皇太后额田部坐上天皇宝座，成为日本有史以来第一位女天皇（史称推古天皇）！

百姓们议论纷纷：为什么要拥立一个女人当天皇呢？

其实答案很简单——皇室有资格继位的男人，基本上死光了！而额田部不仅是皇女、皇后、皇太后，血统高贵，还是苏我马子的外甥女。外甥女当天皇，当然会听舅舅的话啦。所以，苏我马子认为，拥立她简直太合适不过了。

不过，天皇本人觉得自己年事已高，继位第二年就立19岁的厩户皇子为太子（史称圣德太子），与苏我马子共同摄政。

据说这位太子刚一出生就会说话，凡是抱过他的人，都会染上一种特别的香气，大家都把他当圣人一样看待。

太子胸怀大志，一心想摆脱苏我氏的束缚，让大和换个新模样。可是，苏我氏权大势大，他的理想会实现吗？

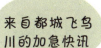

来自都城飞鸟川的加急快讯

自由广场

太子改革，路在何方

太子他又派人出使隋朝了！听说他这次写给中国的国书，居然以"天皇"的名义向大隋皇帝致敬，搞得人家很不开心！一个小国居然在大国面前自称天皇，他胆子可真大！

某织锦部部民

某土师部部民

太子要是胆子小，敢在苏我氏的眼皮底下改革吗？他制定的新制度"冠位十二阶"，将官员分成12个等级，规定不论出身，以能力大小来选拔人才，大官僚的官位不得世袭，这可是在苏我氏这些豪族头上动土呢！

这个你不知道了吧？太子是苏我马子的女婿！这改来改去，难道还能改到老丈人头上去？依我看，这种改革顶多也就培养一些人才，想动摇贵族的根本，不可能！

某田部部民

某小兵

苏我马子天天给他敲边鼓，叫他不要忘了自己的身份，不要把事情做得太过火。有这么个老丈人，他也很绝望啊！

（注：因为改革受阻，公元622年，圣德太子郁郁而终。）

世界风云

天皇之位，谁做主

公元 628 年，75 岁的推古天皇撒手西去，因为走得太匆忙，连皇位传给谁，都没有交代清楚。而有资格当天皇的人有两位，一位是皇长孙田村皇子，一位是圣德太子的儿子山背大兄王。

这时，苏我马子已经死了，朝中第一红人是他的儿子——苏我虾夷。他想拥立的人是田村皇子。为什么呢？因为田村娶了他的妹妹做妃子。

可是，他又怕有人反对，于是让人去试探大臣们，问他们想立谁为太子。大臣们不敢作答，问了几遍，都支吾其词。苏我虾夷也不好立刻摆出自己的立场，决定再缓一缓。

山背大兄王是个聪明人，一下就明白了苏我虾夷的心思，对皇位一事也就此不提。

谁知，半路杀出个程咬金——苏我虾夷的叔叔突然跳出来，要拥立山背大兄王即位。这下可把苏我虾夷气坏了：这不是自己人给自己添乱吗？他立刻派人把自己的叔叔干掉了。

大臣们吓得一激灵，哪里还敢反对，立刻达成统一

世界风云

战线，拥立田村皇子为天皇（史称舒明天皇）。舒明天皇也乐得当甩手掌柜，什么事都交给大舅子管。

可是，十三年后，舒明天皇也去世了，死的时候孩子还小，也没有指定继承人。而山背大兄王虽然之前没当上天皇，但因为有个当圣人的爹，支持他的人还是多如牛毛。

绕了一个弯，还是要立山背大兄王，苏我虾夷当然不乐意了，可妹妹是个妃子，儿子又小，怎么办呢？

这时，他的儿子苏我入鹿出了个主意，让皇后宝皇女当天皇，等表弟长大了，就让她把王位让出来。

就这样，皇后当了天皇（史称皇极天皇，后称齐明天皇），总算暂时把局面稳住了。

但苏我入鹿还是不放心。眼看山背大兄王成天在眼前晃啊晃，苏我入鹿很不舒坦，索性发兵前去攻打，结果逼得山背大兄王全家集体自杀，就连圣德太子当年建造的宫殿，也被他放了一把大火，烧得个一干二净。

要知道，在老百姓心目中，圣德太子是个大圣人。苏我氏居然敢对圣人的后代下手，简直是天理难容！

百姓们对此都非常愤怒。就连苏我虾夷听说了这事，也是大惊失色，说："儿啊，你这简直是胡闹呀！你这样做，将来我们父子恐怕死无葬身之地啊！"

但苏我入鹿才不在乎呢，他在家中欣赏只有天皇才能欣赏的舞蹈，修建只有天皇才配拥有的陵墓，还得意扬扬地说："怕什么？等我表弟做了天皇，哼，我想怎么干就怎么干！"

世界风云

"乙巳之变",苏我氏倒台

　　山背大兄王死了,苏我入鹿还是过得不踏实。为什么呢?因为皇极天皇还有一个亲生儿子——中大兄皇子。如果天皇要把皇位传给儿子,那他表弟的天皇梦就要泡汤了。

　　所以,入鹿总想找个机会,把中大兄这个绊脚石给除掉。

　　中大兄呢,眼见入鹿一天比一天嚣张,却只能忍气吞声,等待时机。直到有一天,他的舅舅轻皇子把自己的好朋友——中臣镰足介绍给了他。

　　镰足学富五车,和入鹿拜过同一个师父。入鹿也十分敬重

世界风云

他,几次三番请他入朝当官,他都不去。可见了这位中大兄,他却像姜子牙碰到了周文王,马上投到了中大兄的阵营。

在中臣镰足的策划下,中大兄先是迎娶了苏我入鹿的堂兄——苏我石川麻吕的女儿,成功地打入敌人内部,还收了好几个力大无穷的勇士做刺客。

经过周密的准备后,公元645年6月12日,机会终于来了。

这一天,皇极天皇在大殿接见新罗、百济、高句丽三国使者,苏我入鹿这些大臣都要出席。

中大兄下令关闭宫门,带着一干刺客隐藏在暗处,计划在石川麻吕读表文的时候,刺杀苏我入鹿。

然而,石川麻吕胆小怕事,害怕事情败露,读表文的时候,额头直冒冷汗,双手也抖个不停。

世界风云

入鹿见他如此紧张，不由起了疑心，大声喝道："你为什么发抖？！"

石川麻吕用颤抖的声音回答说："因为靠近陛下，臣战战兢兢，吓得发抖。"

而刺客也因为害怕，迟迟不敢动手。

眼看事情就要败露，中大兄心想，再不动手大家都会完蛋，于是当机立断，带头冲向苏我入鹿。苏我入鹿还没有反应过来，就被众人当场刺死[史称乙巳（sì）之变]。

苏我虾夷见儿子死了，第二天在家中放了把大火，自焚而亡。掌控日本朝政多年的苏我氏就这样灭亡了。

大化改新，日本步入东亚强国

尊贵的皇宫一下血流成河，皇极天皇吓得目瞪口呆，表示受不了这样的刺激，要让位给儿子。

奇怪的是，中大兄死活都不接受。咦，他费了这么大劲，不就是想当天皇吗？为什么又不当了呢？

原来，中臣镰足告诉他，这种时候如果做了天皇，"清君侧"就变成了"篡位"，所有的矛头都会对着他。

中大兄一听，有道理，转身把这个香饽饽让给了舅舅轻皇子（史称孝德天皇）。

孝德天皇捡了个便宜，但他也是个明白人，登基之后，册立中大兄为皇太子，把真正的权力给了他。

（注：668年，中大兄正式即位，史称天智天皇。）

世界风云

　　公元646年,孝德天皇发布《改新之诏》,以中大兄为核心,仿照唐朝对日本进行了一系列的改革,因为年号为"大化",史称"大化改新"。

　　改革主要有五个方面:

　　一是废除世袭贵族的称号,制定新的官职和冠位制。

　　二是把各级地方官吏的任免权收归中央,在朝中设立太政大臣、左大臣和右大臣"三公"等官职。在地方,仿照唐朝的道、州、县,设立国、郡、县三级机构。

　　三是废除土地和部民私有制,将所有土地和部民归国家所有,根据人口建立户籍制度。这样,大家都有了户口。

　　四是仿照唐朝的均田制,实行"班田收授法"和租庸调制,六岁以上的公民,都可以获得国家分发的土地,每六年分发一次。

世界风云

　　五是禁止皇室、贵族建造大型陵墓，不能再像以前那样铺张浪费。

　　通过这次改革，日本和中国隋唐一样，把一切大权都收归天皇个人手中，天皇的权力得到了前所未有的加强。

　　不过，和很多改革一样，这次改革也遭到很多人的反对，甚至还有人以此为名，起兵谋反。而中大兄也早有准备，很快就平定了叛乱。

　　经过半个多世纪的斗争，日本终于完成了这一划时代的变革，迅速发展为东亚强国之一。

晁衡与鉴真，中日好伙伴

唐朝建立以后，中国成为东亚最强大的国家，不论是面积，还是实力，都全方面超过日本。

日本人仰慕中国文化，从公元630年开始，先后十几次派出使者到大唐学习，人称遣唐使。虽然海上风高浪急，船毁人亡是常有的事儿，但这一切都挡不住遣唐使奔向大唐的热情。

公元717年，日本向中国再次派出一个多达500人的遣唐使团。其中有一位名叫阿倍仲麻吕（汉名"晁衡"）的青年，非常热爱中国文化，还入了大唐最好的学府太学读书。

原本，唐朝皇帝李隆基（史称唐玄宗）没指望他一个外国人能读出什么名堂，但这个外国人却给了他一个大大的惊喜——居然在科举考试中考中了进士！

这可是个大新闻，要知道科举考试是出了名的难，许多大唐学子寒窗苦读一辈子，都未必能考得上。

晁衡是个人才呀！玄宗心想，一定要把他留在大唐。正好晁

智慧森林

衡也觉得自己的学识不够，需要继续深造，两人不谋而合。因为才识过人，晁衡深得玄宗器重，不断升官晋爵。

后来，他还和著名诗人李白、王维等人交上了好朋友。工作之余，大家一起喝喝小酒，写写诗词，日子过得十分自在。不知不觉，晁衡也从一个黑发青年，变成了半百老头儿。

当一个人在外久了，总会想念家乡和亲人。当日本遣唐使再次来到长安时，晁衡归心似箭，玄宗只好同意了他归国的请求。

和晁衡一同离开的，还有一个叫鉴真的和尚。鉴真是扬州大明寺的主持，也是一名佛教高僧。在这之前，鉴真已经五次东渡日本，都没有成功。但他始终没有放弃，这才有了这第六次东渡。

不幸的是，他们的船在海上遭遇风暴，失去了联系。

有意思的是，晁衡被风暴吹到了越南，差一点被当地人杀害，两年后才侥幸逃回长安，再也没有回过日本。

而鉴真却成功地抵达日本，受到日本人的热情接待，一下子待了十年。因为他把中国的书法艺术、建筑艺术、医学知识带到了日本，日本人亲切地称他为"文化之父""医学之祖"。

奇幻漂流

遣唐使应该取消吗

编辑老师：

　　您好，我是一个日本贵族少年。从孝德天皇开始，我国就派遣唐使去大唐交流学习。每次派出的遣唐使团多达百人以上，有时多至500人。大唐的许多律令制度、文化艺术、科学技术以及风俗习惯等，都通过遣唐使传入我国。

　　我一直想等我年满18岁，也去大唐留学。但最近，听父亲说朝堂中有人建议天皇取消遣唐使，理由是大唐国势江河日下，社会动荡不安。

　　编辑老师，天皇会同意取消遣唐使吗？

忧心忡忡的某贵族少年

忧心忡忡的某贵族君：

　　您好！他们说的没错，安史之乱后大唐的国力开始衰弱，而且日本向中国学习了100多年，能学的都学得差不多了，好像是没有必要继续做这种烧钱的事情了。

　　但从上次（指777年）遣唐使庞大的规模来看，天皇还是想继续的，万一唐朝又强大起来了呢？而且遣唐使有百年历史，短期内天皇是不会取消的，所以您不用太担心。

编辑 穿穿

（注：公元894年，日本停止向中国派出遣唐使。）

名人来了

特约嘉宾
元明天皇
（简称"元"）

越越
（简称"越"）

> 嘉宾简介：奈良时代的第一位女天皇。她重用能臣，颁布日本史上第一部成文法典《大宝律令》，又仿效大唐的洛阳、长安，建造了都城平城京（今日本奈良市）。在她的治理下，日本国力蒸蒸日上，步入著名的奈良时代。

越：陛下，您好。

元：小记者好，在日本的这些日子里，还习惯吗？

越：习惯习惯，谢谢陛下关心。我今天走在路上，还以为自己在长安城呢！

元：哈哈哈，平城京就是朕命人模仿长安修建的。之前还有点担心画虎不成反类犬，听你这么说，朕就放心啦！

越：看来陛下很喜欢大唐的建筑。

元：不只是建筑，还有政治、文化、经济……希望朕的子民也能像大唐百姓一样过上幸福生活。

越：其实老百姓的幸福标准不高，有饭吃，有衣穿，就行了。

元：对。

越：可是我听说很多百姓的地都被圈占了，无地可种。没有收成，他们怎么吃饱穿暖呀？

元：这一点我已经想到了。最近朝廷已经下令，不管是贵族还是寺院，都不可以多占土地，要将土地还给百姓。

越：那些放弃土地、到处逃亡的人怎么办？

元：这些人多半是借了高利贷还不起，才逃走的，朕也下令，废除高利贷债务，希望农民们早日回归家园。

越：您真是个为百姓考虑的好天皇。

元：在其位，就要谋其政。你们大唐皇帝不是说，百姓是水，君王是船，水能载舟，亦能覆舟吗？

名人来了

越：陛下也担心这个吗？据我所知，日本千百年来，都是由天皇统治呢！水再大，都没把天皇给淹了（捂嘴笑）。

元：哈，是吗？那我就放心了。

越：可我有一个问题不明白，天皇到底是个什么人物呢？为什么能在日本存在这么久？

元：咳咳，这个问题——你知道我们的天照大神吧？

越：好像是你们日本人的老祖宗，是个神仙吧？

元：对，我们天皇就是天照大神的子孙。也就是说，我们是神，是代替大神来管理日本的，明白不？

越：（摸摸头）不明白，你们明明是人。

元：你这小记者，怎么脑袋跟榆木疙瘩似的呢？你们中国人不是相信玉皇大帝吗？天皇在日本人心目中，就是玉皇大帝那样的存在，神圣不可侵犯。

越：但中国女人当皇帝的很少噢，日本不也是男尊女卑吗？为什么这么多女人能当天皇呢？

元：这有什么可奇怪的，天照大神也是女儿身啊。

越：她是神，不能拉出来和我们人类打比方吧？

元：咳咳，其实吧，主要还是血统的关系。我们皇室的人不管是男是女，都是天照大神的子孙，拥有高贵而又纯洁的血统。所以，皇室的女人一般不外嫁的，要嫁都是嫁给自己的亲戚。

越：啊，近亲通婚不太好吧？

元：这样的话，我们皇族的统治就能千秋万代啊。而且，女人当天皇也没你想的那么容易。

越：一般什么情况下能当呢？

元：唉，只有皇室实在没有靠谱的男人继位了，才能轮得到我们女人呢。

越：噢，这样啊。

元：（向脸上扇风）唉，跟你解释这些，真是累死朕了。

越：谢谢陛下接受我的采访，再见！

广告贴吧

欢迎购买《怀风藻》

《怀风藻》是我国最早的汉诗集,共收录64名诗人的120首诗歌,以五言八句为主。喜欢中国诗集的朋友们,赶快前来购买,数量有限,晚了就卖光了!

大和书铺

更改国号诏令

我们大和是太阳升起的地方,却一直以为被人称为"大倭",实在不雅。现经大唐天皇天后(指武则天)批准,将国号正式更改为"日本"。特此公告。

文武天皇

尊孔子为"文宣王"

"上有天皇,下有孔坊。"早在60多年前,我国就开始举行祭孔大典,现决定尊称孔子为"文宣王",希望大家尊重孔子,积极向孔子学习。

称德天皇

上皇遗诏

人生来就有一死,皇帝也一样。厚葬没有意义,只能白白地造成浪费。朕死后,火葬即可,坟墓也不要修得太奢侈了,简朴大方就好。官员和百姓们也不要为了朕的死大肆铺张,一切从简吧。

元明上皇

第 3 期
【784年—1333年】

日本特刊：幕府时代

穿越必读

为了打倒日本第一大族藤野氏，天皇找来了很多帮手。就在天皇和藤野斗智斗勇的时候，一股新兴的势力悄然崛起，开启了日本历史的新篇章——幕府时代。

都城闹鬼,天皇要迁都
——来自长冈京的秘密快讯

(本报讯)公元784年,桓武天皇讨厌平城京到处都是佛教,便听从心腹藤原种继的建议,把都城从平城京迁到了长冈京。

可是迁都不久,藤原种继突然被人暗杀了!

大家还记得中臣镰足吗?当年他因为拥立天皇有功,临死前被赐姓"藤原"。藤原种继就是他的后代。桓武天皇对他特别信任,什么事都交给他去办。

藤原一死,天皇大发雷霆,下令严查凶手!可查来查去,查到了自己的亲兄弟——皇太子早良亲王的身上。尽管亲王一再喊冤,但天皇还是废掉了他的太子之位,将他流放外地。亲王也是个烈性子,为了证明自己的清白,竟然十几天不吃不喝,活活饿死了。

自那以后,长冈京接二连三地闹鬼,有人说是亲王的鬼魂在喊冤。天皇吓得整宿整宿睡不好觉,只好睁着一双熊猫眼,于794年把都城迁去了平安京(今京都)。

来自长冈京的秘密快讯

世界风云

日本最有权力的人

　　这些年，藤原氏的生活如芝麻开花——节节高，和天皇的关系也越来越亲密。

　　以前，日本皇族觉得自己血统高贵，宁愿皇女孤独到老，也不愿让肥水流入外人田，将皇女外嫁。

　　现在，天皇不仅破例把女儿嫁给藤原家的儿子藤原良房，还让太子娶了藤原良房的妹妹，亲上加亲。藤原氏一跃成为日本最大的名门世族。

　　只可惜，太子体弱多病，当上天皇没多久就死了。他的儿子（文德天皇）也完美地复制了父亲的一生，跟着翘了辫子。

　　好在藤原良房一颗红心，两手准备，早早把女儿嫁给文德天皇，生了个外孙当备胎。

　　小外孙（指清和天皇）才9岁，哪里懂什么国家大事。好心的外公便把外孙接到府中，自己以摄政的身份，"帮助"外孙处理国家大事。从此，日本成了藤原氏的天下。

　　不过小天皇总会长大的，长大了就不需要摄政了。怎么办？藤原氏将摄政改称"关白"，继续把持朝政。大臣们称天皇为"陛下"，称皇子们为"殿下"，称藤原为"关白殿下"。有事要先报给关白知道，再向天皇禀告。如果一个人既是摄政又是关白，就叫"摄关"。

　　不过，不管是关白也好，摄关也好，天皇始终没有任何权力，只是他们手中的木偶。

世界风云

地主、庄园和武士

公元8世纪,日本颁布了一条法令:凡是由自己开垦的荒地,将永远归开荒者所有。这本来是件利国利民的好事,可下面的人执行起来,却变了味。

一些贵族和僧侣仗着自己有钱有势,强迫奴婢和农民为他们开垦荒地,或者干脆直接把农民的土地抢夺过来,让农民只能依附于他们,为他们干活。

有的大地主拥有特权,既不用纳税,也不用接受朝廷官员的盘查。一些小地主就投靠他们,尊他们为"领家",把田地挂在他们名下。"领家"又把田地挂在更有权势的贵族和寺庙名下,称其为"本家",交更多的保护费即可。

这样一层一层剥削下去,大大小小的庄园便产生了。

为了保护庄园,庄园主们从家臣和仆人中选出一批人做武士,组成自己

世界风云

的军团。武士们不用考虑生计，也不用干农活，还能从庄园主那里得到一小块土地。日子久了，去庄园打工的人越来越多，给朝廷当兵的越来越少。

于是朝廷干脆废除了征兵制，一旦需要出兵打仗，就让庄园出兵出力。这样一来，朝廷免去了养兵的负担，庄园可以名正言顺地招兵买马，武士们只需给自己的庄园主卖命，大家都很满意。

而要说起当时实力最雄厚的武士团，就不得不提到关东的平氏，以及关西的源氏。

源、平两氏本来都是天皇的后代，应该归国家养。可天皇的孩子实在太多，朝廷养不起，就把一部分平民妃嫔生的皇子皇孙降为臣子，赐姓源、平（皇室是没有姓的），下放到地方，自谋生计。

这些人凭借皇子皇孙的身份，到了地方依旧是耀武扬威，称王称霸。有的甚至起兵造反，自立为天皇，朝廷为此伤透了脑筋。

可惜"一山不容二虎"，两家离得太近，又都不安分，一来二去，难免会有死伤，后来就成了死对头。

三皇并立，谁最大

某作人

天呐，白河天皇为了对付藤原家族，居然主动退位，成为上皇了！怎么回事？难道退了位，不在朝堂待着，反而更有权力吗？

在朝堂待着，有天皇说话的份儿吗？天皇想干什么，只要关白说声"不"，就什么也干不了。退了位就不一样了，可以在宫里建立自己的院厅（史称院政），想干啥就干啥，关白管不了，大臣们更管不着。表面上是退位，实质上是把藤原家架空。现在很多人都抛弃藤原，投靠上皇了呢！

某大名

某商人

啧啧啧，在位掌不了权，退位才能掌权，这可真是闻所未闻啊！那以后天皇要掌握权力，就必须退位当上皇了？那法皇又是怎么回事？

上皇出了家，就被称为"法皇"。一般出家人都不管事的，但法皇不是一般出家人，所以他还是照样会管事，而且权力比上皇还大！

某浪人

世界风云

两个天子争天下

这些年,皇室乱得一塌糊涂,光是皇帝就同时冒出三位。除了天皇,还有上皇、法皇,权力一个比一个大。为了压制满朝文武,他们积极拉拢武士团,源、平两氏在朝中的势力也日益强大。

公元 1156 年,年仅 17 岁的天皇死后,没有留下子嗣。先前被逼退位的崇德上皇试图复辟,和新登基的后白河天皇发生了激烈的冲突(史称保元之乱),还把源、平两氏拖下了水。其中,以源为义为首的源氏属崇德一方,以平清盛为首的平氏属于天皇一方。

不过源为义的儿子源义朝从小不受父亲待见,很早就投靠了天皇。所以,他这次是帮着天皇,和平清盛一起对付自己的父亲和兄弟。

源义朝武艺高强,善于夜袭。决战前一天晚上,熟悉他的人说,源义朝一定会在晚上来偷袭,大家应该来一个先下手为强。

可惜有人反对说:"现在是两个天子争天下,要争,就要争得堂堂正正,怎么能像个贼一样,偷偷摸摸的?"

结果到了半夜,源义朝果然率兵过来放了一把火,仅用半天时间就打败

37

世界风云

源氏，立了大功。

崇德投降后，天皇论功行赏，源义朝满以为会受到重用。谁知，天皇只给他封了一个小官，把大权给了亲信信西，平清盛也深得器重。

源义朝为了继续往上爬，想把女儿嫁给信西的儿子。

信西一脸傲慢地说："我儿子是个读书人，怎么能和你们这些大老粗结亲呢！"

拒绝就拒绝吧，可转过身没多久，他却让儿子娶了同样是大老粗的平清盛的女儿。

源义朝哪受得了这个侮辱。有一天，平清盛带着一家老小出门办事，源义朝就趁机组织兵马，发动叛乱，除掉了信西。

平清盛听到亲家被杀，立即赶回京城，集中所有兵力，平定了这场叛乱（史称平治之乱）。

之后，平清盛一路高升，一直做到太政大臣（相当于宰相）。平氏一门人才辈出，在朝中盛极一时。以至人们都说："此生不姓平，白白过此生啊！"

平清盛抱憾而终，源赖朝咸鱼翻身

源义朝死后，他的几个儿子也被平清盛杀了。

老三源赖朝被抓时只有十三岁，本来也难逃一死，但平清盛的继母见他长得很像自己夭折的儿子，一哭二闹三绝食，求平清盛放了他。

平清盛被闹得头疼，就把源赖朝流放到偏远的伊豆，派当地一个叫北条时政的土豪看着他。这一看，就看出了事儿。

北条时政的女儿见源赖朝长得眉清目秀，又能说会道，哭着喊着要嫁给他。北条时政无法阻止，就默许了这门亲事，后来还出钱帮助女婿招兵买马，等待机会为他报仇。

没几年，机会来了。朝中有人以天皇的名义，要求源赖朝出兵讨伐平氏。

原来，平清盛掌权之后，当上了天皇的老丈人，管辖的地盘比天皇还多。慢慢地，他就不把天皇当回事儿了，不但把天皇、法皇当孙子一样骂，大臣们也被他解职的解职，流放的流放，甚

世界风云

至没有他的同意,任何人都不能见法皇。上至朝堂,下至乡野,没有一个人不对他不满的。

源赖朝一听,当即就在伊豆拉起了一支队伍,光明正大地向平清盛叫板。短短七天,队伍就从三百人增加到三万人,势头十分凶猛。

平清盛老了,只能派孙子去迎战。可孙子过惯了贵族生活,恰似那茅坑里的大刀——不能闻(文)也不能舞(武),一听到对方有几万人马,还没打,就灰溜溜地逃了回来。

平清盛一代枭雄,生出这样的后代,急得直跳脚。这一急,就倒在了床上,再也没有起来。

临死前,他对子孙们交代说:"我这一生,唯一的遗憾就是没把源赖朝给宰了!就算我平氏只剩最后一个人,你们也要和源氏斗到底啊!"

可这些子孙本来就是扶不上墙的烂泥,平清盛一死,彻底没救。五年后,平氏军队被打得节节败退,纷纷投海自尽。

1192年,源赖朝被朝廷任命为征夷大将军,在自己的大本营镰仓建了个将军府(史称镰仓幕府)。从此,一个崭新的时代——幕府时代就开始了!

"神风"拯救了日本

编辑老师：

　　您好。我是日本的一名武士。这些年，元朝皇帝忽必烈派人数次出使日本，要求我们向蒙古效忠。可朝廷不但拒绝了他们，第二次还把使者当作间谍，全都杀了。

　　这蒙古人像野马一样剽悍，蒙古人的军队是世界上最强大的军队，如果真打起来，我们一定不是他的对手。虽然第一次对战时，我们侥幸赢了，但那毕竟不是靠我们自己的真本事，是"神风"拯救了我们。

　　现在朝廷这么做，是不是有点太冒险了呢？万一蒙古军又来攻打我们怎么办？"神风"还会来帮助我们吗？

一位焦虑的武士

这位焦虑的武士：

　　恭喜您猜对了，忽必烈这次被拒，火气很大，已经命人带领十万兵马，向日本杀了过来。

　　不过，日本态度这么强硬，自然有它的理由。

　　你想想，为什么第一次会战元军会输呢？原因很简单，蒙古人大都是骑兵，对海战一窍不通，制造的战舰也不经用，要不然怎么海上的台风一刮，这些船就支离破碎了呢？

　　所以，不用焦虑，说不定这次"神风"还是会保佑你们的噢！

（注：蒙古军两次东征日本失败，日本为了对抗蒙古大军的侵袭，元气大伤，从此开始走下坡路。）

名人来了

特约嘉宾
源义经
（简称"经"）

越越
（简称"越"）

> 嘉宾简介：源义经是源义朝的第九个儿子，源赖朝同父异母的弟弟。他武功高强，擅用兵法，在源赖朝讨伐平氏的战争中，打了不少胜仗，是日本赫赫有名的战神。

越：源将军好，我在民间听到了很多关于您的传说，今日一见，果然名不虚传！

经：百姓们都说了我什么呀？

越：可多了，说您百战百胜，是日本的战神，能保佑他们，还说讨伐平氏是您的个人秀，您的功劳最大……

经：嘘，快别说了，你想害死我呀！

越：怎么啦？

经：唉，兄长现在对我已经很不满了。几个月前，我押着平清盛的儿子、孙子等人凯旋，兄长却不允许我进城，只把犯人带走了。

越：他怎么这么对您？

经：唉，可能是我功高震主，威胁他的地位了吧。

越：你们不是兄弟吗？兄弟他还不了解您？

经：唉，小记者不知道，我们是同父异母的兄弟，他比我年龄大，从小又没有生活在一起，感情自然比较生疏了。

越：哦，您是在哪长大的？

经：我爹死后，我和我娘被平清盛抓了，平清盛看上了我娘，就把我送到寺里当和尚去了。

越：哦，那您是在寺里学的武功吧？怪不得武功这么高！

经：没有没有，一般吧。

越：11岁就能打败武藏坊弁庆，还能叫一般？听说他可厉害了，在遇到你之前，已经打败了999位武士！

经：弁庆武功确实很不错，我

名人来了

和他算是不打不相识。当年他败给我之后,就一直跟着我,特别忠心。

越:那您兄长知道有您这个弟弟吗?

经:开始不知道,后来我听说兄长兴兵讨伐平氏,带着一小支军队去投奔他,他就知道了。

越:这么多年没见面,兄弟俩一定特别高兴吧?

经:高兴啊,我们都激动得哭鼻子了。兄长还发誓说,要和我同心协力,为父报仇,重振家门!

越:源将军有眼光,有您这么个威风的弟弟帮忙,可是打了不少大胜仗啊!

经:这一切都是兄长英明,我不敢居功。

越:那这么多场战争中,哪一场让您印象最深刻呢?

经:那肯定是最近和平氏的大决战啰!这次我被他们追得实在狼狈,从一艘船上跳到另一艘船上,一共跳了八艘船!

越:可结果不是你们赢了吗?

经:对,他们知道打不过,所以才不要命地打,最后都跳海自杀了。

越:打不过就要自杀吗?这么输不起?

经:(正色)作为一名武士,自杀,并不是输不起!而是他们觉得自己已经尽了最大的努力了,自己的心愿已经了结了。

越:这个……我理解不了。

经:唉,这世上谁又能真正地理解谁呢?就像我哥哥,他一直都不理解我。我对他一片忠心,但他就是不信任我。

越:也许他不是不信任你,只是战争结束了,他想卸磨杀驴!

经:(生气)胡说!你是不是平氏派来的间谍,想离间我们兄弟的感情?

越:(开溜)我就随口一说。将军,我的采访结束了,再见!

(注:1189年,源赖朝命人讨伐源义经,源义经被迫自尽。)

广告贴吧

欢迎购买《源氏物语》

你知道现在最流行的长篇小说是哪一部吗？当然是最新出版的《源氏物语》了。这本书的内容历时三个朝代，七十多年，有四百多位人物，全面展示了平安时期的文化与生活。作者紫式部曾担任皇后的侍读女官，才情出众。欢迎大家前来购买噢。

源氏书坊

（注：《源氏物语》有"日本的《红楼梦》"之称。）

招阴阳师

最近这段日子，京都不是地震，就是火灾、洪灾，这恐怕是鬼神在作怪。为了把这些看不见的鬼怪赶出去，现招考阴阳师3名。一经录用，即可享有朝廷官员待遇。望大家相互转告。

阴阳寮

征婚启事

我家小女，今年十八，貌美如花，已达婚配年龄。哪家男子如有意，欢迎来访。规矩和所有人家一样，结为夫妇后，可以各回各家，各找各妈。所生子女随我家小女生活，男子只需要负担妻儿的生活费用即可。非诚勿扰。

流川小野家

土地可以承包了

为了保证国家税收，现决定把国有土地承包给个人，个人不用缴纳税收，只需缴纳租金即可。租约一年一订，有实力者可年年续约，并且可以在租约上写上自己的名字（即名田），成为"名主"。

日本太政官

（注：拥有大量名田者，被称为大名；拥有少量名田者，被称为小名；租种名田者，被称为小百姓、作子、名子等。）

智者为王 第①关

1. 最早与日本打交道的中国皇帝是谁?
2. 在大和强大之前,哪个国家是日本群岛中最强大的一个王国?
3. 土师部是生产什么手工艺品的?
4. 日本第一任天皇是徐福吗?
5. 圣德太子制定的官员制度是什么?
6. "大化改新"的实行者是谁?
7. 晁衡的日本名叫什么?
8. 日本人称谁为"文化之父""医学之祖"?
9. 日本最早的汉诗集是什么?
10. 日本人尊中国孔子为什么?
11. 平安京是指现代日本的哪个城市?
12. 藤原氏创立了一个什么官职,成了天皇的代言人?
13. 武士团原本是哪些人的私人军队?
14. 天皇、上皇、法皇,谁的资格最老、权力最大?
15. 开启幕府时代的是谁?

智者无敌 王者为大

第4期
〖1333年—1582年〗

日本特刊：武士大战

穿越必读

就像中国的三国时期一样，日本也有一个群雄争霸的时期。武田信玄、上杉谦信、织田信长、丰臣秀吉……各路英豪聚在一起，演绎出无数的传奇故事。

天皇倒幕，将军倒戈
——来自都城平安京的加急快讯

（本报讯）源赖朝死后，大权落在北条氏手中，天皇又是靠边站。站了几十年，天皇不甘心再这样站下去了，秘密谋划了两次"倒幕"运动。

幕府派大将足利高氏前去征讨，没想到半路出了岔子，足利高氏突然掉转马头，起兵叛变了！各地大军趁机打着支援天皇的旗号，跟着杀向镰仓，推翻了幕府。

因为立了头功，足利高氏被天皇赐名为"尊氏"。可天皇又担心足利尊氏权力太大，总是防着他。足利尊氏一气之下，拥立了一个新天皇。控制京都后，干脆学着源赖朝的样儿，封自己当征夷大将军，在一条叫室町的巷子里，建立了一个新的将军府（史称室町幕府）。

原来的天皇逃到南方后，建立了一个小朝廷，与室町幕府一南一北，开始分庭抗礼（史称南北朝时期）。

双方你来我往，打了几十年，直到1392年才统一起来。

来自都城平安京的加急快讯

世界风云

两个继承人

南北朝统一后,幕府的境况是王小二过年——一年不如一年。而它原来的小弟——各地大名(相当于省长),日子却越过越滋润,有的一个人就拥有全国六分之一的领地。

大名们要钱有钱,要权有权,就想找个机会,把大将军赶下去,过过老大的瘾。等啊等啊,终于等到一个好机会。

第八代大将军足利义政一直没有儿子,一着急,立了在寺庙当和尚的弟弟当继承人。可事情偏偏就是这么巧,第二年,他的妻子却生下一个大胖小子。这下大家傻眼了,两个继承人,谁来当将军呢?

虽然两个继承人一个已经出家,另一个还只会吃奶,都没什么意见,可支持他们的人却各有各的算盘。双方你不服我,我也不服你,最后大打出手(史称应仁之乱)。

天皇和将军管不住,只好睁着眼睛当看客,看他们打。打啊打啊,打了整整十年,繁华的京都变成废墟,各自的指挥官都进了坟墓,双方才握手言和。

这一闹,将军的威信一落千丈,大名们不愿再听从将军的命令;大名的家臣也有样学样,经常把大名架空。到最后,只要谁有兵有地盘,谁就有说话的资格,就连农民也经常拿起锄头到领主面前示威。

唉,怎一个"乱"字了得!

世界风云

"甲斐之虎"和"越后之龙"

日本地方不大，这一乱，一下冒出几十个王国，什么羽前羽后，越前越后，上总下总，全都是独霸一方的"山大王"。

俗话说，"乱世出英雄"。最先脱颖而出的一位，是甲斐的大名武田信玄。甲斐四面都是山，不靠海，有一支人称天下第一的骑兵。武田信玄是家中的嫡长子，15岁就上了战场，打起仗来有如猛虎，人称"甲斐之虎"。

但他的爹却是个偏心眼儿，总想将大名之位传给他的弟弟。为了保护自己，武田信玄就联合家臣，把父亲流放到外地，夺取了大名的位置。

武田信玄最擅长的是进攻。为了一座城池，他可以连攻好几个月，不攻下决不退兵。这种战法让他几乎百战百胜。

和他旗鼓相当的，是越后国的大名上杉谦信。此人用兵如神，行事光明磊落，不喜欢背后搞小动作，人称"越后

世界风云

之龙"。

两人一个是"龙",一个是"虎",可以说是日本版的周瑜和诸葛亮,碰在一起,是棋逢对手,连打五次,都未分胜负。

第四次战斗最惊险,上杉谦信骑马跑到武田信玄的大营单挑,招呼也不打一声,抡起大刀就砍,武田信玄还没来得及拔刀,肩膀就被砍了三下。幸好手下及时赶到,他才侥幸捡回一条性命。

和所有大名一样,武田信玄一直有个心愿,就是"上洛"。什么是"上洛"呢?洛,就是"洛阳"。日本人仰慕中国文化,仿照唐朝都城洛阳和长安建造了一座自己的都城——平安京。"上洛",当然不是去都城旅游,而是带着军队去朝见天皇,以证明自己有争霸天下的实力。

只可惜,武田信玄上洛没有上成,途中病死了。

有意思的是,虽然他和上杉谦信生前打得难舍难分,临死前却叮嘱儿子,有难时可以向上杉谦信求援。

而上杉谦信得到他的死讯后,也痛哭不已,认为武田信玄是他这一生中,唯一一个配跟他打仗的人,从此,再也没有对甲斐用过兵。

织田信长一战成名

说起尾张的"大傻瓜"织田信长,很多人都摇头。这人虽贵为大名,言行举止却十分怪异,常做一些让人看不懂的事儿。

比如这些年,各国大名为了捞外快,到处设置收费站。只有他,非但不设,还把尾张所有的收费站都取消了。

虽然到处都在打仗,但人们也要吃饭啊。这样一来,商人们都愿意去尾张做生意,当地人一下子赚得盆满钵满,惹得周围邻居又是羡慕,又是嫉妒。

尾张地方不大,却是上洛的必经之地。公元1560年,东海大名今川义元带着两万大军,以"上洛"为名,打到了尾张。

尾张人从来没见过这么多军队,一连打了好几个败仗,急得团团转。

信长却一点也不慌乱,让家臣们开个会再说。会上,大家你一言我一语,有的主战,有的主降,争到半夜还没结果。

信长听乏了,打了个哈欠,丢下一句:

"夜深了，大家回去休息吧！"说完真的回去睡觉了。

家臣们看了目瞪口呆，叹息着说："唉，织田家这是要灭亡了啊！"

第二天一大早，家臣们得到消息，今川义元的大军打了两场胜仗，急得又跑去找信长。

信长一边慢悠悠地起床，一边对大家说："大家莫急，我为你们歌舞一曲吧。"说完，真的边舞边唱起来：

人世五十年，如梦亦如幻。

有生斯有死，壮士何所憾！

家臣们你看看我，我看看你，不知如何是好。

只听信长唱完，一声大喝："我的盔甲在哪里？"

家臣们大喜，飞快地将铠甲给他披上。信长穿上铠甲，手提长枪，飞身上马，带了五个人，直奔桶狭间。

而今川义元连打几场胜仗，正在那里摆庆功宴呢！将士们喝得东倒西歪，直到有人冲到今川义元的眼前，砍了他的脑袋，大家才回过神来。

结果毫无疑问，今川大败，从此一蹶不振。

织田信长以少胜多，一战成名，从此屡战屡胜，不到五十岁，就完成了上洛的目标。室町幕府也被他灭亡。

自由广场

织田信长要统一日本了

某商人

你们知道吗?织田信长在京都举行了一场前所未有的、声势浩大的阅兵式,13万武士全副武装,花了一整天时间在天皇面前炫耀。哎,真没想到,是这小子笑到了最后!

信长是我们的大救星!我相信,在信长的带领下,我们很快就能结束战乱,统一整个日本!

某平民

某小兵

话不要说得太早。织田信长心狠手辣,杀人如麻。听说他抓到对手的母亲后,每天砍掉人家两根手指头,到了第六天才把她凌迟处死,好残忍啊!

别说了,有一次他用三个敌人的骷髅盛放菜肴,给我们下酒用。你说,这饭谁吃得下?都说他这人特立独行,我看根本就是不尊重人!他对我们也是十分轻慢,任意侮辱,有些人早就看不惯他了。他能不能笑到最后,还不知道呢!

某武士

士可杀，不可辱

编辑老师：

你好。我叫明智光秀，40岁才开始在织田信长手下做事。论能力，也是能文能武，可织田信长很不喜欢我。

有一次，在庆祝打败敌军的大会上，我说了一句："这次胜利来之不易，有我们大家的辛苦和努力。"

没想到，他听了勃然大怒："岂有此理！你辛苦什么了，你做什么了？"说完，还抓着我的脑袋往栏杆上撞。

有句话说得好，"士可杀，不可辱"。这样的羞辱，简直比杀了我还难受！一个这样对待下属的人，怎么配统一日本？

这几天他出门在外，住在京都的本能寺，身边只带了100多个侍从。你说，这是不是上天给我的一个机会呢？

明智光秀

明智君：

您好。织田信长的优点很突出，缺点也很突出。如果因此得罪一批人，我一点都不觉得奇怪。像您这样，老老实实地当一名武士，在他眼里，是过于迂腐了些。信长就喜欢丰臣秀吉那样的，可以随便拿他开玩笑，就算是管他叫猴子，秀吉也乐颠颠地跑前跑后。

现在的织田信长志得意满，觉得全日本再也没有人是他的对手，所以这次身边才留这么点人。如果你要趁这个机会除掉他，估计他没有招架之力。想不到在这个即将统一日本的时刻，一代枭雄却会死在自己人的手里，唉！

编辑 穿穿

（注：明智光秀带着一万多大军向本能寺发动进攻，织田信长被迫剖腹自尽，史称本能寺之变。）

名人来了

特约嘉宾 织田信长（简称"织"）

越越（简称"越"）

嘉宾简介：日本战国最强大的大名。在这个一切看实力说话的时代，他也许并不是最有能力的人，但他却以他独特的魅力，制服了所有敢挑战他的人，成为日本独一无二的枭雄。

越：织田君您好，很高兴能采访到您！

织：（板着脸）真的很高兴吗？有多高兴？要是心里不高兴，嘴上却说高兴，小心我宰了你！

越：（瞬间吓懵）啊，我……我……

织：（停顿五秒）哈哈哈哈……被我吓着了吧？我逗你玩呢！

越：我胆小，您别吓我。看起来，您今天心情很不错噢！

织：嗯，我刚见了一个传教士，他告诉我地球是圆的，还说上帝创造了人，你说有趣不有趣？

越：您信吗？很多人认为他说的是疯话呢！

织：我觉得他说得很有道理啊。西方人有许多比我们先进的地方，比如火枪，这东西虽然用起来慢，但杀伤力太大，迟早要取代我们的刀剑。

越：这么说，您挺有见识的啊。那为什么有人说您是个"大傻瓜"呢？

织：那是我小时候。我小时候常常和一群野孩子鬼混，不是扮成女子参加庙会，就是抓蛇吓唬别人，大家都觉得我是傻瓜。

越：难道您不是？是装的？

织：装？没必要！我只是不喜欢按大家的标准去做，对一切循规蹈矩的事很讨厌罢了。

越：那您的老丈人不是日本第一智者吗？为何敢把女儿嫁给您这个"大傻瓜"呢？

织：哎，可能是因为我长得太帅？

越：说实话，您确实很帅，我

名人来了

都没有办法把您跟"傻瓜"联系到一起。

织：其实我老丈人也不知道我是真傻还是假傻，他把女儿嫁给我时，给了女儿一把短刀，说如果我真是个傻瓜，就把我杀死。

越：啊，那他女儿同意了吗？

织：他女儿说，如果我不是傻瓜，或许这把刀也有可能刺向父亲呢！

越：（惊）厉害，真是虎父无犬女啊！那后来……您的老丈人死在您的手里了？

织：那倒没有，是他自己家里出了问题，他打不过自己的儿子，战死了。临死前，把美浓国送给了我，我给他报了仇。

越：传言"得美浓者能得天下"，将军好运气啊！

织："得天下"这事，光有运气也不够，还得有头脑，会用人。

越：说到人才，您身边人才济济，最喜欢的是谁呢？

织：德川家康和丰臣秀吉。家康是我的发小，从小就跟着我，是我最忠诚的盟友；秀吉虽然以前是个种地的，长得像个猴子，但有什么事交给他办，我都会很放心。

越：一个种地的您都这么重视，为何对明智光秀却又打又骂呢？

织：明智光秀以前是幕府的人，40岁才跟了我，对我，没什么忠心可言。

越：可您那么对待下属，影响不好呀！

织：影响？影响是什么东西，值得我重视吗？本人长这么大，就从来没有在意过什么影响不影响的。

越：那您不怕辛苦创下的基业毁于一旦吗？

织：哈哈，功名如何，成败如何，人生本来不过是一个用来大闹的舞台。我闹过了，玩过了，这就足够了。

越：（点头）人生要是能像织田君这样，大闹一场，也算没有白活。

织：知己知己！怎样？一起喝一杯去？

越：走咧！

广告贴吧

安土城顺利竣工

　　由丹羽长秀负责修建的新城安土城从1576年修起，历时三年，今天终于竣工了！这座城一共动用了一万多名员工。五层七重，集当代日本艺术之大成，华丽之极。据说在发达的欧洲，也没有这么豪华的城堡。从今以后，这里就是我们的"平安乐土"，不久信长大人就会迁过来，请大家做好准备。

安土城施工处

关于兵农分离的公告

　　为建立更加强大的军队，现决定实行兵农分离制。以往，士兵一打完仗就回家务农，这样一来，整体战斗力得不到提升，地里的庄稼也伺候不好。从今以后，农民可以专心务农，士兵可以专心训练，随时准备上战场啦！

织田信长

求助帖

　　最近，有一只葡萄牙商船遭遇台风，漂流到我岛。我们岛主花了几千两黄金，从他们手里买了个"有魔法的棍子"，说是什么枪，让我也仿造一个。我把那枪研究了两个多月，好不容易仿造了一把，却没法射击。眼看岛主限定的日期就要到了，完不成任务我就会被处死。葡萄牙人看上了我的女儿，要我把女儿嫁给他，才肯把制枪的秘密告诉我。唉，我该怎么办呢？有谁能帮帮我？

种子岛铁匠金兵卫

第 5 期

〖1582年—1634年〗

日本特刊：他统一了日本

穿越必读

织田信长死后，他的手下丰臣秀吉和德川家康登上历史舞台，一个有野心、有勇气，一个有智慧、有格局。在他们的努力下，日本最终结束了100多年的战乱。

顺风快讯

为信长报仇，秀吉立大功

——来自都城平安京的加急快讯

（本报讯）织田信长和他的儿子被逼自尽了！

首先知道这个消息的，是信长的亲信羽柴秀吉。这时，秀吉正在打仗，听到这个消息，正琢磨着该怎么办。他身边的谋士说："主公，您的运气来了！光秀弑君犯上，人人得而诛之。如果您发兵讨伐光秀，一定会得到大家的响应，到时，整个天下就属于您了！"

秀吉听了，眼前顿时一亮——对啊，信长死了，天下大乱，正是我统一天下的好机会！于是仗也不打了，带上军队就往京城飞奔。

他一面赶路，一面高举为信长报仇的旗帜，拉拢信长的旧部。一匹马累倒了，就换另一匹继续，一刻也不停歇。短短5天，赶了400里路，拉了4万多的兵马，最后打败明智光秀，成了织田信长家的大功臣。

来自都城平安京的加急快讯

秀吉的发家史：从无赖到大名

说起来，秀吉的经历也不简单——出身低下，种过地，做过买卖，还当过强盗，实在混不下去了，才去当兵，投靠了织田信长。因为聪明伶俐，又长得像猴子，织田信长给他起了个外号，叫"猴子"。

一开始，他只是负责一份不起眼的工作——给信长提鞋。无论、资历、谋略，还是带兵打仗，都不如其他家臣。

有一天深夜，信长接到密报，有人发动叛乱，急急忙忙就往城门跑，因为走得急，一个家臣也没带上。

这时，有个人牵着一匹马跑了过来，连跑带喊："主公，马来了！马来了！"

信长一看，是秀吉，便奇怪地问："你怎么知道我要马？"

绝密档案

秀吉说:"我看报信的人很着急的样子,想着一定有大事发生,所以就给您把马送过来了!"

因为这件事,信长对秀吉的印象特别深刻,平定叛乱后,就把他晋升为武士,带在身边。

秀吉跟着他南征北战,每次作战时都身先士卒,立下许多汗马功劳。没多久,他就赢得信长的赏识,成功地挤进了信长的高级管理层。

有的家臣嫌他出身不好,总是瞧不起他,他也从不发火,对他们恭恭敬敬。因为他的信条是:即使不能成为朋友,也绝不能成为敌人。

秀吉就这样,一步步开始走向人生巅峰。

统一日本，草根受封"关白"

秀吉为信长报仇后，得到大部分家臣的拥戴，坐上了日本的头号交椅。不久，秀吉派出12万大军，与德川家康展开了一场大战。

家康5岁就在信长家做人质，和信长一起长大，也是个厉害角色。虽然只有3万大军，却和秀吉12万大军打了个平手。

秀吉一看，不好，我一个要得天下的人，何必要和这个小小的家康过不去？不打败他，难道就得不到天下了吗？

于是，他把自己的老母亲送给家康做人质，还强行让自己的妹妹改嫁给家康做妻子，要和他讲和。

家康从小颠沛流离，很会看人下菜碟儿，知道自己整体实力不如人家，如果打持久战，肯定不是秀吉的对手，于是就坡下驴，向秀吉俯首称臣。

之后，秀吉陆续打败其他对手，统一日本，结束了日本100多年的战乱。

因为统一有功，秀吉想做日本的征夷大将军。可天皇认为他出身低微，不配担当此任。在众公卿的劝导下，秀吉只好退让一步，受天皇赐姓"丰臣"，受封"关白"。

一个平民受封"关白"，这可是日本历史上的头一遭呢！

有意思的是，据说当天晚上，秀吉做了一个梦，梦见信长对他说了一句话："猴子，把草鞋给我拿过来！"

世界风云

目标：拿下朝鲜，攻下中国

从一个野小子，逆袭为日本的第一号人物，丰臣秀吉心里好不得意——像我这样的天才，怎么能待在日本这个小地方呢？只有到更大的地方去，才能展现我真正的实力！

所以，接下来，秀吉把目标对准了更大的地方——中国。

可是，中国与日本之间，隔着一个朝鲜。要征服中国明朝，必须向朝鲜借个路。而朝鲜是明朝的属国，连国王都要向明朝称臣，又怎会帮助日本呢？

公元1592年3月，丰臣秀吉发动近20万日本士兵，乘坐700艘战船，向朝鲜展开进攻！

朝鲜自从成立李氏王朝后，基本没打过什么仗，军队战斗能力极差。日军一路势如破竹，短短两个月时间，就占领了大半个朝鲜，朝鲜国王被赶到鸭绿江，只好向明朝求救。

听到这个消息，丰臣秀吉得意地对手下说："哈哈，过不了多久，我就可以在朝鲜给大家开庆功宴了！"

1592年5月，日军趾高气扬地来到玉浦海。一靠岸，很多

日本士兵就跑到陆地上抢劫去了,还有一些在船上蒙头睡大觉。

这时,只听有人惊呼:"快看,乌龟!"

"什么乌龟,明明是大船!"

眼看"乌龟"越靠越近,日军指挥官急忙下令突击。才打了一个小时,他又急哄哄地下达了第二道命令——弃船令!

原来,这些"乌龟"实在太厉害了!整只船从上到下,都用铁甲包裹,既能挡炮弹,又能挡风雨。要是有人跳到船上去,就会被扎几个大窟窿,因为船身上装有数不清的铁钉。此外,船头和船身还设置了许多枪口,能够四面开炮,威力无穷。要是打不过敌人,还能像乌贼一样发射烟幕弹,趁机逃跑。

在一阵又一阵的炮火声中,日本战舰不是被打沉,就是被撞穿,很多人当场被炸死,还有的被挂在龟船上,拖回了朝鲜。那场景,怎一个惨字了得!

与此同时,应朝鲜的邀请,明朝援军也带着中国的杀伤性武器——火炮,赶到朝鲜。两国军队联合作战,连战连胜,很快收复了朝鲜的大片失地。

日军屡战屡败,把丰臣秀吉气得够呛,还没等战争结束,就急火攻心,两腿一蹬,一命呜呼。这场战争断断续续打了7年,最终以日本的彻底失败画上了句号。

世界风云

日本第一忍者，一战定天下

秀吉死了，家康打心眼里高兴。

虽说之前家康识时务，愿意向秀吉称臣，但秀吉对他还是不放心，令他和他的家臣们搬到海边的一个小渔村去。那里因为多年战乱，破败不堪，加上人生地不熟，家臣们都不想去。

家康却毫不在意，笑了笑说："既然是想得天下，何必为这一个地方纠结？"于是，他就带着大家默默地搬了家。

后来，那个叫江户（今日本东京）的小渔村被他打理得欣欣向荣，变成了一座巨大的粮仓。

当秀吉头脑发热，要攻打朝鲜的时候，几乎所有的大名都投票反对，只有家康一个人举双手赞成。

秀吉非常感动，对家康许诺说："等我征服了大明，日本就交给你了！"

可惜，大明没有征服，秀吉自己却丢了命，其他参战的大名也损失惨重，回国后一蹶不振。而家康因为没有参战，实力远在众位大名之上。

世界风云

秀吉一死，家康一高兴，与各位大名联合起来，举办了一场盛大的集体婚礼。要知道，秀吉生前曾多次下令，严禁各位大名私下来往、联姻，以免大家结党营私。家康如此明目张胆地违规操作，令其他大名十分不满。

1600年，家康突然收到一封密信，信上说，越后的大名正在招兵买马，准备造反。

家康派人质问对方到底要干嘛，对方不但不解释，反而给他下了一封挑战书。

家康一怒，抽出一把刀子，对着面前一棵竹子一砍，一声大喊："老夫就决定用这把刀，把这些个叛徒杀得个干干净净！"天皇还给他送来黄金万两、粮食万石做军费。

一场激战之后，家康大胜而归，把反对自己的势力消灭得干干净净。

1603年，德川家康正式被天皇封为征夷大将军，开创德川幕府。1615年，丰臣家被德川家康彻底消灭。从此，日本迎来了两百多年的和平时代（史称江户时代）。

自 由 广 场

为什么没人推翻天皇

某葡萄牙
传教士

据我所知，王朝都会有灭亡的一天，可是为什么你们国家从来没有改朝换代？就连最叛逆的织田大将军，也只是收了皇太子做义子。那些权臣、大将军难道就不想当天皇吗？

你怎么敢说这种话？！天皇是天照大神的后裔，是我们老百姓的守护神，他们是神，血统神圣不可侵犯。有天皇，才有我们日本。人可以换，神是永远不死的！

某武士

某大名

天皇大多数时候是没有实权的，真正的权力掌握在权臣、大将军手里。何必为了一个虚有其表的头衔，引起众怒呢？有天皇就有天皇吧，我们只要有权力就行。

对，大名在自己的领地上拥有最大的权力，有自己的臣子、军队，相当于一个小国王。如果哪个大名想要当天皇，其他大名肯定会群起而攻之，估计没人敢这么做。

某家臣

奇幻漂流

我要颁布"锁国令"

编辑老师：

你好！我是德川家康。这些年，日本来了十几万的外国传教士，几乎各个地方都有教堂。最近，我发现有很多大名也是天主教徒，严重影响了日本的安宁和团结。

为了保护我好不容易打下的江山，我决定实行锁国政策，禁止天主教在日本传播，禁止日本人出国，已经出国的日本人，不许回国，违令者就地正法；除荷兰人、中国人外，其他外国人严禁进入日本，不许使用任何西洋制造的产品，违反以上命令者，统统处以死刑。这么做，是不是就能保护我们大和民族的子民呢？

德川家康

德川将军：

您好！有一句话叫因噎废食，意思是，因为害怕吃东西被噎住，就什么也不吃了。结果会怎样呢？当然是饿死了。

而您说的"闭关锁国"，就相当于因噎废食。因为害怕外国人入侵，所以禁止国民信奉天主教，短期内好像维护了您本人的统治，维护了日本的和平。但其实治标不治本，锁国令锁住了国人，也将锁住国人与西方人的贸易。如此一来，日本与世隔绝，不能与西方国家进行文化、科技交流，带来的后果就是让日本人坐井观天，盲目自大，会远远落后于西方国家，得不偿失啊！

编辑 穿穿

（注：德川幕府向全国发布了五道锁国令，从此，日本进入"锁国时代"，长达两百年。）

名人来了

特约嘉宾
德川家康
（简称"德"）

越越
（简称"越"）

嘉宾简介： 日本战国三杰之一，江户时代第一代征夷大将军。他不像信长那样，有开天辟地的霸气和魄力，也不像秀吉那样，有举世无双的谋略和野心，但他给日本带来了真正的和平与安宁。

越：将军您好。您和织田大人是好朋友吗？

德：对，我和他一块儿长大，情如手足。

越：既然如此，他为什么会命您杀了您的夫人和儿子呢？

德：他说我的夫人和儿子想把我干掉，要谋反。

越：那您信吗？听说尊夫人和令郎临死前，都大喊冤枉呢！

德：（沉默良久）……织田大人说是就是。在人家眼皮子底下做事，就要学会看别人脸色。

越：所以，后面您见打不过丰臣大人，就举手投降了。

德：人生就像下棋（指着围棋），"一着不慎，满盘皆输"，小不忍则乱大谋。

越：这是您继信长大人之后，第二次屈居人下了。

德：不能这么说，丰臣大人待我不薄，做人要懂得知足常乐。

越：真的？您真的这么想？

德：能一统日本的人，都不是一般人。我本来就不如他，何来"屈居"之说？

越：我听说他亲自指挥过几十次战役，唯一战败的那一次，对手就是您。

德：那个纯属运气，并不表示我比他厉害。不说别的，就说攻打朝鲜这事吧，织田大人敢做的事儿，我就不敢。

越：您不是不敢，是想保存自己的实力吧？现在实力最强的就是您了。

德：我不过把大人分给我的一亩三分地伺候好而已，谈不上"最强"。

名人来了

越：（怀疑）您就从来没想过，要取代丰臣家？

德：不不不，现在还不是时候，还要等，还要等。

越：等多久？

德：也许是15年，也许是20年，说不好。

越：不会吧，丰臣家现在已经名存实亡，为什么还要等那么久？

德：百足之虫，死而不僵。丰臣家现在还是有权有势，没有十足的把握，不能轻举妄动。

越：您不怕等出麻烦？

德：如今，比我强的两个人都已经死了，没人再是我的对手，还会有什么麻烦？没事，等等，等等。

越：（小声嘀咕）怪不得有人说您是"忍者神龟"。

德：什么？你说我是乌龟？

越：啊，不是不是。（赶紧转移话题）有人说，织田大人是种麦子的人；丰臣大人是将麦子做成饼的人；而您，则是吃到这块饼的人。对这个说法，您怎么看？

德：你们中国不是有句古话吗？"打江山容易，守江山难。"虽然你得到了这块饼，但要守住这块饼，更难。

越：说得对。不管怎么说，您和信长、秀吉大人都是大英雄，而您是笑到最后的。您有什么话要送给大家吗？

德：三个字"向上看"，遇到困难时，要向上看，不要因为一时的挫折，就低头丧气。

越：这个说起来容易，做起来难。

德：有什么难的。不论发生什么事，身体才是革命的本钱，只要活得够久，一切皆有可能。记住，一定要会"忍"。

越：那我也要提醒您一下，看到炸鱼，要忍着点。

德：为何？

越：……天机不可泄露。今天的采访就到这里。

（注：后来，德川家康没忍住，吃了太多炸鱼，暴病而亡，死时75岁。）

广告贴吧

招少年使者

为了弘扬天主教，今决定挑选四名少年出使罗马教会，拜见教皇。此行任重道远，要求使者必须聪明伶俐，吃苦耐劳，有不怕挫折的信心和决心。最重要的是，必须是一名天主教徒。

日本九州天主教会

围棋棋会，欢迎前来挑战

棋场如战场。为普及围棋，本月将举办一次盛大的围棋棋会。本次棋会将采用新的围棋制度，获胜者可获得幕府的终身俸禄，一辈子不愁吃喝，还有荣誉等级证书。望各位大名、武将等公家围棋爱好者前来参加。

本因坊

北野大茶会等你来

本人将于10月1日至10日举行为期10天的大茶会。

只要热爱茶道，不论是武士商人，还是平民百姓，无论是日本人，还是中国人，只需携带一个茶釜（用来煮水的茶具）、一个水瓶、一种饮料，都欢迎前来参加。若没有茶，用米糊替代也行。

无论是什么人，只要光临秀吉的黄金茶室，都可以喝到秀吉亲自点的茶。

丰臣秀吉

第 6 期

【公元前 2 世纪—900 年】

朝鲜半岛特刊：三国争霸

穿越必读

　　朝鲜半岛位于亚洲东部，东北与俄罗斯相连，西北隔着长白山与中国相接，东南与日本隔海相望。整个半岛三面环海，看起来像一截突出的树干，貌不惊人，但其实它的历史也不简单……

圣人箕子开辟新天地
——来自中国商朝的加密快讯

（本报讯）提起朝鲜，得先从中国有名的暴君商纣王说起。

据说纣王刚当上大王那会儿，一心为民，还算是个明君，只是平时挥霍无度，就连吃饭也要用象牙做的筷子。

纣王的叔叔箕子是个大贤人，就劝他说："现在用象牙筷吃饭，以后就会想用玉杯喝酒，用了玉杯，又会想用其他的奇珍异宝。到那时，商朝恐怕就要灭亡了！"

来自中国商朝的加密快讯

纣王不听，后来果真沉迷酒色，残暴不仁，被周武王推翻了。

箕子非常失望，于是带着五千个有才能的人乘上木筏，向东漂去。他们漂啊漂啊，漂到一个岛上，见岛上山清水秀，碧草连天，一大早就能看到鲜亮的朝阳，便将此处称为"朝鲜"，定居下来。

此后，箕子教大家盖房种田，养蚕织布，还颁布了八条法令，防止人们争吵。没多久，昔日的蛮荒之地就变成了礼仪之邦。周武王知道后，大为赞赏，将朝鲜封给了他（史称"箕子朝鲜"）。

——不过，这件事记者也只是"据说"而已。也有人说，朝鲜是神仙之子檀君王俭建立的（史称"檀君朝鲜"）。到底哪个才是真的呢？小记者才疏学浅，还是留给专家去判断吧。

卫满是忠臣，还是贼子呢

奇幻漂流

编辑老师：

　　您好。我是箕子朝鲜的国王箕准。说起来，我们已经在这岛上无忧无虑地过了几百年了。最近，从中原汉朝逃来了个叫卫满的将军，带了1000多个人来避难。我认为他是个人才，就任命他为博士，还封给他数百里土地，让他守卫我们的西部边境。

　　可前几天他跟我说，汉朝派了十路大军来攻打朝鲜，想到我的身边来保护我。我觉得他忠心可嘉，又担心他不怀好意，我该怎么办？

箕准

大王：

　　您好。您重用人才也没错，但重用之前，还请先考察一下他的背景和来历。据我所知，卫满是因为在汉朝建立之初，参与一场叛乱，被开国皇帝刘邦穷追猛打，无处可去，才来投奔您的。

　　虽然您帮他摆脱了逃亡者的身份，给了他权力和地位，他应该谢谢您。但这个人野心勃勃，想要的恐怕不止这些。所以，他一直在利用您封给他的地盘，招兵买马，扩充自己的势力。

　　现在他敢向您提出这种建议，说明他羽翼已丰。保护是假，夺位是真。事已至此，您还是三十六计，走为上计吧。保重！

编辑 穿穿

　　（注：公元前194年，卫满攻占王都，自立为王，向汉朝称臣纳贡，史称卫氏朝鲜。后来汉武帝派兵剿灭卫氏朝鲜，设置乐浪、临屯、玄菟和真番四郡，以管理朝鲜半岛中北部。）

世界风云

马韩统一三韩部落

箕准被卫满打败后，逃到半岛南部。南部有三个部落联盟，分别是马韩、辰韩和弁（biàn）韩（史称"三韩"，因此韩国人自称是三韩子孙）。

其中，马韩的地盘最大，势力最强，居住时间也更久。他们懂得种田、养蚕，还知道织布，但不像汉人有那么多繁文缛节，也没有长幼尊卑之别。

公元前2世纪，一些汉人为了躲避劳役和战乱，从中国迁到了这里。热情的马韩人接纳了他们，让出一些地盘，给这些外来人居住。

这些人和马韩人不同，他们有文化，知礼节，慢慢地，就形成了辰韩、弁韩两大部落。

马韩在西，辰韩在东，再南一点，就是弁韩。

世界风云

不过，外人终究是外人，马韩人接纳他们的同时，也立了下规矩——三韩首领只能由马韩人担任。

对此，这些外来人并没有什么意见。自己流落到这种地步，能有地方住就不错了，还能提什么条件呢？

因此，担任三韩首领的，大都是马韩人。

箕准虽然打不过卫满，对付三韩却是绰绰有余。很快，他就打败三韩，以韩王自居，统一了整个三韩。

三韩人不服气，箕准死后，又立了自己人为"辰王"。

辰王把国民分为上、中、下三个等级——

上等人称"长帅"，不仅不用劳动，还占有大量田地；

中等人叫作"下户"，专门耕田、织布；

下等人叫作"贱民"，也就是奴隶，处于最底层，社会地位最低，没有任何人身自由，要为主人干最重、最脏、最累的活儿。

尽管如此，勤劳的三韩人仍然坚强、乐观地生活着，期待着美好的明天。

世界风云

高句丽：一个神奇的故事

卫氏朝鲜被灭掉之后，发源于中国东北的高句（gōu）丽（lí）趁机崛起，占据了辽东地区和朝鲜北部的地盘。朝鲜半岛的南部，是新罗和百济两个国家。

高句丽的建立最富有神话色彩——相传，在美丽的东海边上，有一个古老的扶余国。有一天，扶余国的国王金蛙王在太白山下遇到一个美人。这个美人自称是水神的女儿，名叫柳花。于是，金蛙王收留了她。

有一天，一束阳光突然照在柳花的身上，怎么躲也躲不开。九个月后，柳花生下了一颗巨蛋。

金蛙王吓了一跳，以为是个怪胎，命人把它丢了。奇怪的是，丢给鸡狗，鸡狗不吃；丢给牛马，牛马躲得远远的；丢到野外，鸟儿还用翅膀保护它。

咦，这到底是颗什么蛋呢？金蛙王想把这颗蛋剖开，却怎么也打不破，只好把它还给柳花。柳花像老母鸡一样孵啊孵，最后竟孵出一个男孩。

世界风云

金蛙王觉得很神奇，从此把小男孩当亲生儿子一样看待。

小男孩臂力惊人，七岁就能射箭，而且百发百中，扶余人管他叫朱蒙（意思是"会射箭的人"）。金蛙王有七个孩子，都没有朱蒙厉害。

大王子代素嫉妒他，跑到金蛙王面前说："朱蒙不是人生的，又天生神力，如果不早日除掉，将来后患无穷！"

金蛙王不忍心，派朱蒙去养马。但王子和大臣们还是想把他除掉。柳花知道后，就对朱蒙说："儿啊，大家都想害你，以你的才能，到哪里不可以呢？与其在这里受辱，不如走得远远的！"朱蒙于是带着手下逃走了。

一行人逃到江边，滔滔江水挡住了去路。眼看追兵就要追来了，朱蒙对着江水大喊："我是水神的外孙，谁能救救我？"

说也奇怪，刹那间，河里的大鱼小虾乌龟王八全都一下子浮出水面，搭成一座桥，让朱蒙他们过了河。

朱蒙和手下逃啊逃啊，来到玄菟郡内一个叫卒本扶余的地方。当地国王年纪大了没有儿子，见朱蒙很有能力，便把自己的女儿嫁给他。

公元前37年，年仅22岁的朱蒙，继承了老国王的王位，创立了高句丽王国。据说百济也是由朱蒙的后人建立，限于篇幅，这里就不一一介绍了，留给读者们自己去挖掘吧！

世界风云

新罗受欺负,大唐来帮忙

高句丽还"小"的时候,总是乖乖地接受中原王朝的册封,心甘情愿地当臣子。

魏晋时期,中原一片混乱,高句丽趁机壮大自己的力量,夺取辽东大部分土地,成了朝鲜半岛上最强大的国家。

公元589年,隋朝统一了中原,结束了乱糟糟的分裂局面。隋朝第二任皇帝杨广(史称隋炀帝)即位后,想收回辽东。

高句丽不同意——也是,到嘴的肥肉,谁会愿意吐出来呢?最后,索性不纳贡了。

世界风云

  杨广很生气，一连征了三次兵，去攻打高句丽。可惜高句丽还没灭掉，老百姓就因受不了杨广横征暴敛，纷纷举兵造反，灭了隋朝。

  隋朝灭亡后，中国又建立了一个更强大的王朝——唐朝。

  唐朝的第二个皇帝李世民（史称唐太宗）比杨广更厉害，周边的小国都恭恭敬敬地尊他为"天可汗"。

  高句丽、百济和新罗对大唐也很恭敬，但关起门来，却打得一塌糊涂。高句丽和百济经常合起伙来欺负新罗。

  新罗打不过，跑去向李世民告状，一把眼泪一把鼻涕地说，要是他们被灭掉了，以后就再也不能向唐朝上贡了！

  李世民心一软，就同意帮助新罗攻打高句丽。

  刚开始，唐军人多势众，一路势如破竹，一下子攻下高

世界风云

句丽数十座城市。打到后面，由于走得太远，粮草供应不上，越打越辛苦。眼看冬天就要来了，一时半会儿也拿不下高句丽，唐军只好打了退堂鼓，班师回朝。

唐军一走，新罗又被高句丽和百济打得嗷嗷叫，又哭着喊着求唐军来帮忙攻打百济。

这一次，百济从对岸的倭国（即日本）搬来了救兵。

一场激战后，日本的四百艘战船被烧得个底朝天，连海水都变红了。百济被打得一败涂地，只好乖乖投降，倭人也乖乖地掉头回了老家（注：从那以后，日本就开始全面吸收大唐文化）。

百济亡国后，高句丽失去盟友，成了"光杆司令"。人们又惊又怕，纷纷弃城逃跑，一些地方甚至方圆数百里都没有人居住。

公元668年，高句丽的国王被唐军俘虏，其他人被迫迁入中原各地，融入中华民族当中。从此，高句丽就在朝鲜半岛消失了。

自由广场

新罗是个白眼狼

新罗小兵

怎么回事？大唐帮着我们干掉了高句丽和百济，我们却翻脸不认人，要把大唐踢回去！哎，这不是过河拆桥吗？

不踢回老家去，难道留在朝鲜过年？要让大唐在这立了足，咱们新罗还有活路吗？

新罗大将朴氏

新罗贱民

听说大唐兵力有20多万，难不成是把全大唐的军队都派来了？哈哈，可还不是照样被我们新罗打败了！看来大唐的威名也不过如此啊！

开什么玩笑！对付你们新罗用得着动用整个大唐的军队吗？明明是新罗被大唐打得找不着北，怎么到你们嘴里，变成你们赢了？能不能实事求是点？就你们这点实力，连高句丽都打不赢，还想赶走大唐的军队，做梦吧！

大唐商人甲

大唐将军乙

就是，新罗都向大唐请罪称臣了。大唐目前想对付的是吐蕃，不想跟你们这种小国一般计较了，你们就歇歇吧。反正也就巴掌大的一块地儿，俺大唐不稀罕！再见了，白眼狼！

（注：百济和高句丽灭亡后，唐朝与新罗反目成仇，展开了一场长达7年的战争，史称唐罗战争。）

85

名人来了

特约嘉宾

武烈王金春秋
（简称"金"）

越越
（简称"越"）

嘉宾简介：新罗第29代君主，新罗一统的奠基人，一名杰出的外交家，曾主张与大唐交好。最后在大唐的帮助下，一统三韩，奠定了新罗统一的基础，被朝鲜人称为"济世英杰"。

金：小记者来自天朝？

越：是的，殿下。殿下看来对天朝很熟？

金：岂止很熟，本人对天朝的仰慕，如鸭绿江之水，绵绵不绝啊！

越：看出来了，我这一路行来，发现新罗人穿的是大唐的衣，戴的是大唐的帽，差点以为回到唐朝了呢！

金：哈哈，天朝地大物博，各项制度都比我们新罗完善。本人曾有幸去过天朝，领略过天可汗的风采。

越：那……是您请求大唐皇帝攻打百济和高句丽的吗？

金：对，新罗与百济一向势不两立，如果能顺便把高句丽一起平定，那是最好不过。

越：野心很大啊，是想统一三国吗？

金：想是这样想，但女王在世的时候就曾说过，没有大唐帮忙，我们新罗是办不到的。

越：你们新罗不是一向男尊女卑的吗？怎么会有女王？

金：没办法。先王只有一个女儿，就只好让她继位了。我们新罗讲究骨品，不是圣骨，不能当国王。

越：什么叫"骨品"，什么又叫"圣骨"？

金："骨品"就是把人按血缘分为三六九等。最上层的统治者为"圣骨"，可以世袭王位和官阶，拥有无上权力。其次是"真骨"，不能继承王位，但有资格和圣骨结成宗亲。再次是六头品、五头品、四头品等贵族等级。等级越高，

名人来了

官阶越高，也越受人尊重。下面还有三头品、二头品、一头品、平民、奴隶等阶层，这些人不能当官，但能规定他们能住多大的房子。

越：哦，跟印度的种姓制度有点像。

金：根据这个制度，各骨品只能内部通婚，不能跨越阶层。王位继承人必须是圣骨男和圣骨女的后代。

越：和其他骨品通婚也不行？

金：不行，圣骨和真骨混在一起，就会从圣骨级别掉入真骨级别，就没有权力继承王位了。

越：噢，那您也是圣骨级别的了。

金：惭愧，我是真骨级别的。

越：那您怎么又可以当国王呢？

金：这也是没办法，女王没有结婚，就没有后代，圣骨就绝种了，国王只能在真骨级别里挑，挑来挑去，就挑上了我。我是第一位以真骨身份即位的国王。

越：（怀疑）这其中没有什么猫腻？

金：没有没有，唯一有可能的，就是我跟天朝关系很好，说服天朝出兵了吧。

越：有可能，之前新罗曾多次向天朝求援，天朝都没有答应。

金：这都是天可汗怜恤臣下，臣等愿世世代代为天可汗效劳！

越：真的吗？可是我怎么听说有人要您举兵反唐？

金：怎么可能？天朝为我消灭敌国，我却恩将仇报，反过来跟他打仗，上天还会保佑我吗？我，金春秋，绝对不会做这对不起天朝的事！

越：这世上没有永远的朋友，只有永远的利益。

金：（不悦）现在百济刚刚灭亡，高句丽还在，还有很多事要仰仗天朝，小记者就不要挑拨离间了。

越：（大汗）好吧，那今天的采访就到这里，殿下保重！

（注：金春秋没有等到高句丽灭亡就去世了。唐罗战争结束后，新罗统一朝鲜半岛大部，继续向唐朝称臣。）

广告贴吧

八大法令

为了让岛上居民更加和睦友爱，特设以下八条规定：

一、杀人者，死；二、伤人者，须赔偿；三、盗窃者，罚为奴隶；四、男女须以礼相待；五、同姓不得结婚；六、部落之间不许越界；七、部落之间不许仇杀；八、生活中要避讳。

谁要是违反以上法令，严惩不贷！

箕子

招入唐留学生

为加强与唐朝的交流与学习，女王决定，派遣若干人才去往唐朝留学，所有食宿均由大唐提供，其他买书的费用由新罗发放，待遇丰厚。一旦学成归来，女王将给予一定的奖励，并予以重用。

新罗留唐交流中心

请善待巨蛋男孩

近日，我们六个村庄的首领聚在一起开会时，发现一束奇异的光从天空照下来，照在附近的树林里，一匹白马从天而降。

当我们找到奇光所到之处时，发现白马不见了，地上只有一枚巨蛋，一个男孩从中破壳而出。男孩的身体发着光，树林里的鸟儿和动物看见他，都高兴得又唱又跳。

我们相信，这个男孩是上天赐予我们的奇迹，是上天派来给我们当国王的。所以，从现在起，请大家一定要善待这个男孩，不要因为他是个孤儿就欺负他。等他长大后，我们就立他为国王。

六个村庄六个首领宣

（注：这个男孩就是新罗的第一代国王赫居世居西干。）

智者为王 第❷关

1. "甲斐之虎"和"越后之龙"是指哪两位?
2. 织田信长在哪一次事变中,被逼自杀?
3. 倒幕运动推翻的是哪个幕府?
4. 谁统一了日本?
5. 第一个受封"关白"的平民是谁?
6. 日本攻打朝鲜时,中国处于哪个朝代?
7. 江户是指现代日本的哪个城市?
8. 德川幕府的第一个将军是谁?
9. 日本实行锁国令时,哪些外国人可以进入日本?
10. 哪三个人被誉为商朝三大贤人?
11. 建立卫氏朝鲜的卫满是中国哪个朝代的人?
12. 汉四郡是指哪四郡?
13. "三韩子孙"的"三韩"指的是哪三韩?
14. 唐朝初年,朝鲜半岛上的国家是哪三个?
15. 新罗第一位以真骨身份即位的国王是谁?

智者无敌 王者为大

第7期

【900年—1392年】

朝鲜半岛特刊：高丽王朝

穿越必读

　　新罗统一朝鲜大部以后，统一的观念深入人心。从此，朝鲜要么统一，要么在寻求统一的路上。而契丹、女真、蒙古，一个个来势汹汹，时刻考验着高丽王朝的应变能力。

三国又"复活"了
——来自开京(今朝鲜开城)的加密快讯

(本报讯)我们已经知道,几百年前,朝鲜半岛的"三国"灭了两国,只剩下一个新罗。

不过,最近这些年,已经灭亡的两国突然又"复活"了——

先是西南边建立了一个"百济"(史称后百济),接着,北边又冒出了一个泰封(史称后高句丽)。

泰封的创立者叫金弓裔,性格残暴,不仅滥杀臣民,连自己的妻儿都不放过,百姓们对他恨之入骨。而他的手下王建功勋卓著,深得军民拥戴。

公元918年,金弓裔外出征讨时,将士们突然发动一场兵变,用武力"胁迫",要求王建取而代之。王建"推辞"不过,只好在开京称王,国号高丽,轻而易举地夺取了王位。

之后,经过十几年的征战,王建率军先后打败新罗、后百济,再次统一了朝鲜半岛大部分地区。

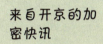

来自开京的加密快讯

奇幻漂流

科举挺好，就是见效太慢

编辑老师：

您好。我是高丽太祖的儿子王昭（史称高丽光宗）。当年太祖为了打江山，笼络了不少地方豪族。这些豪族仗着家大势大，气焰特别嚣张，连太祖都拿他们没办法，直到现在，这个问题还非常严重。

前不久，有个叫双冀的中国人，建议我学习中国的科举制度，录用一些读书人，来打击这些豪族和功臣。我仔细研究了一下，觉得这个制度虽好，就是见效太慢。而我现在恨不得把那些反对我的人一下子灭掉，还有什么比科举更快的办法吗？

王昭

大王：

您好！您可能还不太了解科举制度的好处。

首先，它能让一些有能力的读书人，获得施展才能的机会；其次，它能帮助您把那些豪族和功臣打压下去，提高官员水准；再次，它还能促使大家多读书，求上进。最重要的是，科举制度是隋朝皇帝发明的，最大的特点是可以加强王权。您想，如果天下读书人都是天子门生，天子还有什么可怕的呢？

不过，凡事欲速则不达，实行科举是兴国安邦的长久之计，拔苗助长有可能适得其反。只有耐心地培育，科举这颗种子才会结出丰硕的果实。祝您成功！

编辑 穿穿

（注：王昭执政后期，为加强王权，鼓励他人告密，很多人被冤杀。而科举制度则被保留下来，直到1894年才废止。）

世界风云

一张巧嘴退契丹

高丽王朝建立以后，不断地向北扩张。

北边的邻居——辽国（即契丹）感觉受到威胁，公元993年，派出80万军队，浩浩荡荡地向高丽杀过来。

辽国这些年灭渤海、吞辽东，还霸占了宋朝（指北宋）的燕云十六州，实力十分强大。

高丽的大臣听到这消息，都慌了，纷纷表示，不如把平壤以北的土地给他们算了。

可平壤的粮仓里还有不少粮食，这样不就便宜了辽人吗？于是国王准备把粮食分给老百姓，剩下的，准备丢到江里去喂鱼。

这时，一个叫徐熙的大臣站出来说："咱们粮食这么多，为什么还没打就要放弃呢？这次辽国出兵，不过是想吓唬我们。如果我们真把那些土地割让给他们，不但是我们高丽的耻辱，日后对方恐怕会更加贪得无厌，得寸进尺！就算议和，也要先打一场再议！"

另一个大臣也劝道："是啊，三国

就算倒掉，也不留给你们！

世界风云

时期刘禅投降,到现在不都被人唾骂吗!"

国王听了这些劝告,于是鼓起勇气,迎战辽军。

辽军没想到小小的高丽居然敢对抗他们,一点防范也没有,居然被他们打败了。

不久,辽营派人前来劝降,要求高丽派个官员去谈判。

国王也不想与辽国为敌,想借这个台阶去与辽国和好。可惜,满朝文武大臣,没有一个人响应,最后还是徐熙挺身而出。

到了辽营,辽军元帅想给徐熙一个下马威,让他给自己下拜。

徐熙大怒,说:"大臣见君主才能下拜,两国大臣相见怎么能这样呢?"说完拂袖而去。

元帅没办法,只好依了他。见了面,元帅要求高丽把这些年侵占的土地还给辽国。

徐熙说:"这朝鲜半岛北部的土地本来是我们高丽的。可恶的女真人占领了那些土地,导致我们不能向贵国上贡,我们出兵攻打他们,怎么能说是侵占呢?"

徐熙一番话,说得慷慨激昂。辽军元帅听了,对他佩服得五体投地,不但好酒好肉地招待,临走时还送了很多礼物。

徐熙满载而归,国王乐得合不拢嘴,马上宣布与宋朝断绝关系,向辽国称臣。辽国一高兴,也给高丽赏赐了两百多里土地。人们都说,高丽有这么大的收获,全都是徐熙的功劳呢!

(注:高丽向辽国称臣后,双方和平相处,几乎再无大战。)

武官翻身了

公元1115年，原本给高丽当小弟的女真人建立"大金"，不仅把辽国灭了，把北宋也灭了。高丽吓得魂飞魄散，赶紧向金国称臣。

我们知道，高丽王朝是靠武力抢来的江山。他们和宋朝皇帝一样，不怕别的，就怕武将造反。所以，高丽自开国以来，一直重文轻武。文官们靠着一支笔，就能飞黄腾达，武官们在战场上打得再卖力，也依然备受冷落。

公元1170年，国王与文官们一起出游，居然点名要武官跑腿侍候，这不是欺负人吗？

这一次，武官们彻底爆发。他们发动兵变，杀了那些耀武扬威的文官，把忽视武臣的国王也给废了（史称武臣政变），另外立了一个国王。

从此，武官们独揽朝中大权，把国王当提线木偶一般，想废就废，想立就立。

朝廷被搞得这样乌烟瘴气，地方上当然太平不了。

老百姓纷纷起兵反抗，盗贼们趁机四处流窜。就连金国使者来到高丽，都要偷偷摸摸地走小路，生怕碰上盗贼，丢了性命。

面对这样的局面，高丽人都十分郁闷："唉，这样的日子，什么时候才是个尽头啊！"

世界风云

高调抗蒙三十年，还是**投降了**

公元1206年，成吉思汗统一蒙古后，金人、契丹人、女真人被打得落花流水，纷纷渡过鸭绿江，来高丽避难。

这下高丽热闹了，有抱蒙古大腿的，有联结南宋的，有向金人抛媚眼的，一时间，高丽被搞得乱七八糟，却毫无办法。

最后还是蒙古铁骑出马，把他们像捏蚂蚁一样秒杀了。高丽见蒙古人这么厉害，立马见风使舵，转身认他们当"老大"。

可这个老大胃口太大，上下嘴皮一动，就是张嘴要东西。要什么呢？要水獭皮，要布匹，要纸张，要染料，要水手和船只，到最后是越要越多，想什么时候要就什么时候要。

有一天，高丽实在忍无可忍，把前来索要的蒙古使者杀了。国王知道闯了大祸，把都城迁到江华岛。他心想，蒙古人的铁骑不是很厉害吗？江华岛四周全都是水，只要守住江华岛，蒙古人想来都来不了。

蒙古人骑着马横行天下，现在却连一个小小的江华岛都去不了，怒气冲天，对着高丽王喊，你给我知趣点，不要躲岛上，老老实实上表谢罪。

高丽人却怎么说也不肯离岛。他们一边在岛上筑城墙，一边派人向蒙古

世界风云

诉苦:"我们本来是想给你称臣啊,但你们要我们交这么多贡赋,我们实在交不起啊,请可怜可怜我们吧!"

蒙古人这时既要对付南宋,又要进攻欧洲,分身乏术,不想跟小小的高丽计较,表示只要他们搬回去,就放他们一马。

但高丽还是不肯搬,蒙古人气得直跳脚。不搬是吧?打!

打来打去,蒙古人也学会训练水师,制造战船了。

高丽人见躲在岛上也不管用了,又派使者去求和。蒙古元帅说,让你们的国王六日之内来,我们皇上就答应你们的求和。

使者说:"现在兵荒马乱的,我们国王哪里来得了呢?"

蒙古元帅说:"那你怎么来了呢?"

最后,蒙古派人威胁高丽说,要是再不乖乖上岸,他们就要把高丽派去蒙古的那个王子立为新国王!

国王怕丢了王位,这才乖乖地搬回西京(今平壤)。搬走之前,国王下令,将江华岛上的城墙全部拆毁。

士兵们一边拆一边哭:"早知道今日,当初就不把城墙修这么结实了。"城中的老百姓听到拆墙的声音,也都特别难过。

坚持抗击蒙古三十多年,高丽人最终还是投降了,唉!

自由广场

跟着国王赶时髦

酒馆小二

金二爷，许久不见，咋换这造型了？看这发型，这衣服打扮，活脱脱一个蒙古人。难不成您是跟蒙古人结亲了？

金二爷

你不懂！这是最近流行起来的打扮，叫作蒙古化造型。不仅是我，现在好多老爷、少爷都是这个造型，据说还是咱们国王忠烈王亲自下令要这么打扮的。

那都是你们阔人才那么穿，我还是习惯粗衣束发，没钱跟你们胡闹！要我说，还是咱们老祖宗的东西好，现在要改变老祖宗的东西，我不愿意！

朴大爷

崔少爷

您没钱就是没钱，扯上老祖宗干吗？我们最老的祖宗还不穿衣服呢，您要学他们？世间万物都是不断变化的，您不跟着变，就落伍了。以前我们很多东西都是学中国的，现在中国是蒙古人的天下，我们跟着蒙古人变，没什么不对的。

要我说，这些都是小事，没必要放在心上。学不学蒙古人的打扮，那随个人意愿。你有钱，想赶时髦，你就学蒙古人。我没钱，不想赶时髦，那就原来怎么打扮现在还怎么打扮。谁也别强迫谁，最好了。

李大叔

（注：从1270年到1356年，受元朝的控制和影响，高丽逐渐蒙古化。）

名人来了

特约嘉宾
王建
（简称"王"）

越越
（简称"越"）

嘉宾简介：高丽王朝的开国国王。具有一定的海商背景，祖上时常跟中原做生意。看似不显山不露水，却在混乱的战争时代脱颖而出，先后打败高句丽和百济，第一个统一了朝鲜半岛。

越：殿下，听说你们又出来一个"三国"，难道是以前的三国复活了？

王：复活？说是也不是。不过，新三国确实是百济、高句丽和新罗的后人建立的。

越：不对吧？高句丽已经灭亡两百多年了，人都已经迁到中国了，这亲可不能乱认啊。

王：信不信由你了。

越：那现在您打败金弓裔，建立了高丽，有何感想呢？

王：三个字——不容易！主要是金弓裔曾经是我的王。你知道的，"成王败寇"，万一失败了，我就会遗臭万年。

越：既然风险这么大，那您为什么还要推翻他呢？

王：这个说来话长。你知道他的身世吧？

越：听说他出身新罗王室，可他为什么要说自己是高句丽王室出身，要复兴高句丽呢？

王：好像是他出生的日子不够吉利，他父亲要杀了他，幸好乳母带着他跑了，他才活过来。你看他不是"独眼龙"吗？就是逃跑的时候，不小心被树枝戳瞎了。

越：哦，那可能是因为他觉得自己被新罗抛弃了，所以他也把新罗抛弃了吧。

王：这都是他自己瞎说，其实他哪是什么王室出身，就一普通贱民。

越：那您是如何投奔到金弓裔麾下的？

王：我家是世代经商，经常跟中原王朝打交道。但战乱

名人来了

时代，越有钱越得找个靠山。所以父亲就带我投奔了金弓裔。

越：作为他的得力干将，您应该很了解他吧？

王：嗯。别看他当过和尚，又天天念经，不知道的人，还以为他是个菩萨心肠。其实这人心肠特别歹毒，猜忌心又重，稍有个风吹草动就会杀人，朝中没有不怕他的。

越：唉，伴君如伴虎啊！那他有猜忌过您吗？

王：怎么没有？有一次他说我聚众谋反，我没干过，但又不得不承认。承认了，就能活命；不承认，就会死得很难看！

越：啊，这是什么逻辑？谋反无罪，不谋反反而有罪？

王：因为他说自己会法术，既然他"看出"我有谋反意图，我不承认，不就是拆他的台吗？但如果我承认了，就说明他"看"对了，是正确的，是伟大的。现在你理解了吧？

越：这个……我理解不了啊。

王：唉，别说你理解不了，大家也很绝望，生怕哪天一起来，脑袋就被他砍了。所以有人就劝我做商汤、周武王那样的义举，逼我发动兵变，把金弓裔推翻。

越：（暗自嘀咕）咦，这故事怎么这么耳熟，难道是韩国版的"陈桥兵变"？——（转向王）那兵变之后，金弓裔上哪去了？

王：听说他后来流落山林，偷吃人家粮食，被人打死了。

越：失民心者失天下。不过也好，您就可以高枕无忧了！

王：这种话，等除掉百济再来说吧！

越：听说百济的君主父子不和。依我看，这江山迟早是属于您的。

王：借你吉言。那我现在先对付新罗去。

越：好的，殿下保重。

（注：本文采访于王建称王之后，统一后三国之前。）

广告贴吧

关于实行田柴科的公告

殿下（指王建）有令，将一部分田（指耕地）、柴（指山林）分给各科（指官吏等级）官吏和军人。其余土地作为公田，由国家租给农民耕种，并征收租金。（史称田柴科）请田地主人速速到各地官府进行登记，过期不候。

高丽王朝

卖奴隶啰

本铺现有几十个奴隶可以出售，女的年方十八，貌美如花；男的身强力壮，能打能骂。价格绝对优惠，二十匹布就可买一个回去，卖一个少一个，机不可失，时不再来噢！

一号铁器铺

征书友

我是宋朝的一个进士，现在在高丽国当官。听说高丽的王家图书馆有一些在中原已经失传的古书。本人爱书如命，想去馆内抄录部分，有哪些朋友有同等爱好，可结伴前去。

爱书的王先生

联姻公告

为了和蒙古保持友好合作的关系，朝廷决定将选出30名高丽女子与蒙古联姻。凡我朝官员家中若有还未婚配的妙龄女子，欢迎报名。若能成功与蒙古人结亲，助我高丽一臂之力，高丽必不会忘记你们的功劳。此次招亲，只限官家小姐。

高丽朝廷

第 8 期

【1392 年—17 世纪末】

朝鲜半岛特刊：朝鲜王朝

穿越必读

1392 年，李成桂推翻高丽王朝，自立为王。自此，朝鲜半岛掀开了朝鲜王朝的帷幕。朝鲜王朝一直尊明朝为天朝，直到甲午战争后朝鲜"独立"为止，一共持续了 519 年的时间。

顺风快讯

将军反水，建立新王朝
——来自朝鲜开京的加密快讯

（本报讯）高丽被元朝欺负了一百多年，敢怒不敢言。

到了元朝末年，蒙古人把中国治理得一团糟。汉人们忍无可忍，纷纷举兵反抗。最后，一个叫朱元璋的和尚半路杀出，把蒙古人赶回大草原，建立了明朝。

高丽趁机摆脱了元朝的控制，向明朝称臣。朱元璋提出，辽东有一部分土地是中国的，要求高丽归还。国王不乐意，派大将李成桂去攻打辽东。李成桂不想得罪明朝，多次要求退兵，但国王就是不听。李成桂索性心一横，率军开回开京，把国王赶下台，自己当上了国王。

李成桂当上国王后，第一件事就是讨好明朝。朱元璋见他这么听话，就赐给他一个叫"朝鲜"的国号。从此，王氏高丽就被新的李氏朝鲜取代了！

大多数百姓表示，受够了蒙古人的欺压，希望新王朝给朝鲜半岛带来新气象，不要辜负了大家的期望。

来自朝鲜开京的加密快讯

奇幻漂流

我的江山我做主

编辑老师：

　　您好。如今王朝一统，百姓安乐，可我却有一件很烦心的事。我和前王后，也就是我的结发妻子一共生了五个儿子，老大命苦，死得早，剩下的四个儿子都是跟着我打天下的。

　　可是，我现在的王后和我也有了两个儿子。因为是老来得子，我非常疼爱他们，尤其是幼子李芳硕，聪明可爱，甚得我心，我很想立幼子为世子，又怕其他人反对。不过，这是我的江山，我想给谁就给谁，你说是吧？

李成桂

殿下：

　　您好。贵国一直以来，都是向汉人学习。那您一定知道，汉人立王的规矩一向是立长不立幼，立嫡不立庶。这是汉人在千百年的权力斗争中，用血和泪总结出来的经验。

　　如果您非要打破这个规矩，立幼子为世子，首先不服气的，必将是他几个嫡出的哥哥们。几个哥哥都没有份，怎轮得到最小的弟弟呢？更何况，他还是后妻生的！无论从哪个方面讲，他都没有优先继承权。如果您一定要将不属于他的东西强加在他身上，必会给他带来不必要的灾难！

　　记住，"家和万事兴"，只有王子们一团和气了，您的王国才会长长久久。

编辑 穿穿

世界风云

王子之乱，五子夺位

公元 1392 年，李成桂不顾大臣们的反对，将最小的儿子李芳硕（史称宜安大君）立为世子。

李成桂的安排，把其他几个儿子的心伤得拔凉拔凉的。尤其是五子李芳远，曾在李成桂夺权过程中立下汗马功劳，论能力，论魄力，都是几个兄弟里面最出色的。可父亲不选大的，不选嫡出的，却选了个什么都不如自己的毛头小子！李芳远大为不满，私下里开始招兵买马。

1398 年，李成桂生了重病，不得不卧床休息。李芳远意识到机会来了，立即带兵杀入宫中，将 16 岁的李芳硕乱刀砍死，顺便把辅佐他的大臣也一道灭了（史称第一次王子政变）。

李成桂听到这个消息，惊得目瞪口呆，却说不出话来，因为他得了一种怪病，喉咙像被火烧了似的。

李芳远发动兵变，不想惹来非议，便逼父亲把王位禅让给了二哥李芳果（史称定宗），自己则实际掌握着朝中大权，当上了国王的代言人。

李芳远一手遮天，让他的四哥李芳干非常不满。公元 1400 年，两人的军队在都城的街头大打出手。最后，李芳远大获全胜，李芳干被流放出京（史称第二次王子之乱）。

经历这两次动乱之后，再也没有人敢跟李芳远作对了。李芳远见时机成熟，也不想再遮遮掩掩，索性让李芳果下台，自己坐上了王位（史称太宗）。

嘻哈乐园

世界风云

咸兴问使，太上王归不归

最近，李芳远有点烦。因为太上王李成桂离开都城，去老家府邸咸兴本宫当和尚了。

李芳远几次三番派人去给他请安，劝他回宫。他不但不理，还搭起弓箭将使者射死，来一个，射一个，来两个，射一双。凡是被派去的请安使，没有一个活着回来的。到后来，李芳远再问群臣"还有谁能去？"，竟然没有一个人敢响应。

李芳远只好派父亲的老朋友成石璘出马。成石璘快到咸兴时，没有直接找李成桂，而是下马开始搭灶台。他是要烧火做饭吗？李成桂有点好奇，就派人前去探听。

成石璘委屈巴巴地说，自己准备去远行，路过这里，人生地不熟，不知晚上住在哪里，希望太上王能让他借宿一晚……李成桂顾念老朋友，便同意了。

老友见老友，两眼泪双流。晚上，两人聊了一大堆知心话，说着说着，成石璘又明里暗里劝李成桂回宫。

这可把李成桂气坏了，指着成石璘大骂："你也是来为你的君主说情的吗？"

成石璘赶紧表示，自己绝不是受李芳远指使，还发毒誓说："如果是，以后臣的子子孙孙都是盲人！"李成桂信以为

真，就回了宫。

可是不知怎的，没住多久，李成桂又偷偷地回了咸兴，让李芳远好不烦恼。有个叫朴淳的官员见了，便主动要求去向太上王请安。

他牵着一匹母马和一匹小马来到李成桂宫前，把小马拴在一棵树上，自己牵着母马继续前行。两马依依不舍，连连嘶鸣，成功地引起了李成桂的注意。

朴淳见了李成桂说，自己实在不忍心看到父子分离。李成桂听了很不愉快，但又觉得朴淳是个聪明人，便把他留在宫中。

一天，朴淳陪李成桂散步，突然看见一只老鼠抱着个小老鼠被一只猫追赶。那老鼠被猫逼到墙角，却还是不肯将小老鼠抛弃。

朴淳立刻跪在李成桂面前，号啕大哭，再次劝说李成桂回宫。李成桂长叹一声，答应了。但朴淳回去复命后，李成桂又反悔了，不但没回宫，还派人将朴淳杀掉了。

那李成桂究竟回宫了没有呢？回了。请他回去的，是李成桂非常尊重的一位禅师。而这一次，李成桂再也没有离开都城。

（注：后来，人们用"咸兴问使"，来形容接到一个棘手的任务。）

世界风云

发明谚文，反被当作野蛮人

每个民族都有自己的口头语言，但拥有书面文字的却不多。公元1446年，朝鲜国王李祹（史称世宗大王）召集一批学者创造了朝鲜人自己的文字，也就是谚文。

按理来说，这是一件意义非凡的创举。然而，这一创举却遭到两班大人的反对。这是为什么呢？

原来，朝鲜自建立以来，就一门心思向明朝学习。什么文化啊，礼仪啊，穿着啊，全都汉化，就连官方文字也都是汉字。

可是，汉字看起来非常复杂，在朝鲜只有贵族才能学习，老百姓一般都大字不识几个。但在日常生活中，贵族和老百姓一样，说的都是朝鲜话。这样，问题就来了。朝鲜话和汉字的表达完全不同，沟通起来很不方便。

而李祹创立的谚文，由一些类似于字母的符号组成，如同中国的汉语拼音，简单易学。只要能读出来，就算是文盲，也能写

出来。这样，朝鲜的文字与语言就统一了起来。

然而，能够学习汉字是朝鲜贵族们才有的特权。废除汉字，等于要了贵族的命。所以，两班大人纷纷跳出来反对。

反对最积极的是主管教育的崔万里，他说："我们是中华的一分子，就应该学习汉字。若是我们创立文字，被中国人知道了，怎么得了呢？那些蒙古人、女真人、日本人，为什么会被称为蛮夷，就是因为他们不学汉字。现在我们抛弃汉字，和蛮夷有什么两样？"

李祹听了大为光火，就把崔万里投进了大牢，一天之后又把他放了，毕竟他说的也不无道理。

没办法，李祹只好又下了一道命令，解释说："下层的百姓只会说不会写，那么他们有什么意见，就无法写出来让寡人知道。寡人创立谚文，是为了给百姓用的，不是给贵族用的。"

同时还规定，以后的官方文字还是汉字，不会写汉字的人，不能参加科举。贵族们这才消停。

此后，谚文只被当作辅助文字，并没有在朝鲜流传开来。

（注：谚文直到20世纪初，才真正兴起。）

世界风云

带血的复仇之路

公元1504年,朝鲜发生了一桩惨案。国王李㦕(史称燕山君)跟疯了似的,对宫中的人大开杀戒。这已经不是他第一次这么疯狂了,早在1498年,他就丧心病狂地杀了30多个大臣。

燕山君到底怎么了?这些大臣到底犯了什么滔天大罪呢?据记者调查,这一切,要从燕山君的母亲尹氏说起。

尹氏原是先王成宗的妃子,因为生性好妒,曾多次毒害成宗身边的女人,还抓破过成宗的脸。成宗一怒之下,将她赐死,将她的所有资料销毁,再也不准任何人提起她。

但世上没有不透风的墙,燕山君坐上王位后,还是隐隐约约知道了这件事。从此,他的心里就埋下了一颗仇恨的种子。

这时,朝中大臣分为两派。一派由功臣贵族组成,为勋贵派;一派由读书人组成,为士林派。两派斗争十分激烈,士林派在成宗在位时,很受重用,但碰到燕山君,他们就倒了血霉。

1498年,士林派在编写史书时,影射世祖大王篡位,被勋贵派抓到把柄,告到燕山君

世界风云

面前。燕山君逮着这个机会,将士林派赶的赶,杀的杀,甚至连死去的大臣都被挖出来戮尸(史称戊午史祸)。

那勋贵派的日子就好过了吗?没有。燕山君每天在宫中花天酒地,花钱花得跟流水一样。没钱了,就伸手向勋贵派索要。勋贵派不答应,燕山君就琢磨着,要如何把他们的财产据为己有。

这时,有个叫任士洪的奸臣居心不良,给燕山君递上一块带血的手帕,说这是当年尹氏被毒死前吐出来的,王妃当年是死得如何如何惨啊,如此巴拉巴拉,添油加醋地说了一通。

燕山君听了悲愤交加,立刻下令处死所有跟尹氏之死有关的人,一下杀了100多人。年迈的祖母站出来指责他,他一头把祖母撞倒,没多久祖母就过世了。

祖母一死,燕山君更加无法无天。以前他跟祖母一样信佛,之后他完全变了个人似的,砸佛像,赶僧人,将寺庙和学馆改造成玩乐场,还让人把全国所有的婢女甚至良家女子找来,陪他一起玩乐。其中有个叫张绿水的女人,长得貌美如花,又善解人意,燕山君对她视若珍宝,言听计从。谁要是得罪了她,就是死路一条。整个朝鲜生活在一片恐惧当中。

眼看燕山君一天比一天残暴,人们忍无可忍。1506年,大臣们联合起来发动政变,废掉了燕山君。两个月后,燕山君在流放的岛上病死,结束了他荒唐而短暂的一生,年仅31岁。

自由广场

不要讨论国家大事

某铜匠

呀,明宗要求我们今年交铜十万斤,明年再交十万斤,用来赶铸火炮,对付倭寇。可是我们哪来这么多铜可交啊!

某商人

想办法凑吧!这倭寇在朝鲜八道(指朝鲜全国)烧杀抢掠,来去自如,跟回自己家似的,迟早是我们的心腹大患!要是不赶紧提升一下造船技术和火炮技术,以后咱们死都不知道怎么死的!总不能一有事,就去抱明朝大腿吧?多丢人啊!

某小兵

怎么能长他人志气,灭自己的威风呢?当年的世宗大王,还有现在的李舜臣将军,不就把他们打得满地找牙吗(指壬辰倭乱)?

某读书人

李将军再厉害又怎么样?朝廷还不是闹内讧,把他罢免了?事情没你们想得那么简单!还是像李将军说得那样,少讨论点国家大事吧,免得惹祸上身!

(注:继壬辰倭乱后,朝鲜王朝依然内讧不止,从此渐渐衰败,直到1910年灭亡。)

名人来了

特约嘉宾
李芳远
（简称"李"）

越越
（简称"越"）

> 嘉宾简介：朝鲜王朝第一位接受中国册封的国王。他英明果毅，才华过人，曾在世祖李成桂建立朝鲜王朝的过程中，立下汗马功劳。即位后，他通过一系列改革，将所有大权集中在国王手里。在他的治理下，朝鲜慢慢强盛起来。

越：殿下，您好。我觉得您的经历很像唐太宗李世民，您就是朝鲜版的李世民。

李：哦，怎么个像法？

越：你们都是父亲创立新王朝的得力助手，也都是各位兄弟中最有能力的，但都没有被父亲立为继承人。

李：然后呢？

越：然后，你们都发动政变，把对自己有威胁的兄弟都杀了！

李：权位之争就是这样，没有骨肉亲情，只有你死我活，即使是亲爹也不例外。

越：那您亲爹都跑去当和尚了，您为何还要把他迎回来呢？

李：我只是为了尽孝而已。

越：真的吗？那为何又把他关起来呢？

李：关什么关啊。他老人家年纪大了，到处乱跑的话，摔了磕了怎么办？

越：（笑）哈，不是吧？您是怕他跑了，被人利用吧？

李：有点，而且这事被大明知道了也不好。只有他好好在我身边待着，我的心才会安宁，朝野才会安定。

越：这事您还怕大明知道？

李：当然。大明是我们的老大，要是我有这档子事，我这王位就保不住了。

越：你们天高皇帝远的，为什么要给自己找个老大在上面管着呢？自由自在的多好！

李：你不懂，有大明支持，别的国家就不敢欺负我们，我们也可以把大明的好东西拿过来用，这就是"事大主义"的好处。

名人来了

越：什么是"事大主义"？

李：这个是我们的基本国策。"背靠大树好乘凉"，跟着中华这个大哥跑，听大哥的，准没错。

越：那倒是，现在周围的国家都在向中国学习，不只你们。你要去了日本，简直感觉跟去了中国一般。

李：日本跟我们如何比得？他们学习中华文化，只是派派几个遣唐史、留学生。不像我们，我们可是中华圣人亲传亲授，是正儿八经的小中华！

越：既然这样，那燕王朱棣兴兵作乱的时候，明朝皇帝让您出手相助，您怎么没反应呢？

李：我帮了啊，不过我帮的不是皇帝，是我的好朋友燕王。

越：啊，您什么时候跟燕王交上朋友了？

李：我之前奉父王之命，出使过大明。燕王和我年纪相仿，性格相似，我们两人一见如故，临走时，我还送了匹马给他。

越：有眼光！可是您当时不帮皇帝帮燕王，不怕出事吗？

李：哈哈，因为我相信，燕王一定会成为一代帝王。

越：事实证明，您确实没看走眼！——那燕王成功后肯定是对您感激不尽，有求必应吧？

李：（得意）可不，燕王一当上皇帝，就册封我了，我父亲都没有过这种待遇。要是换作别的皇帝，说不定会把我赶下台呢！

越：哎，大明地方大，也管不了这么多事。您若是对大明恭恭敬敬，他必定会像爱护小鸟一样爱护您。

李：是，请转告陛下，我朝鲜必将鞠躬尽瘁，为大明效力。

越：殿下客气了。好了，今天的采访就到这里吧。

李：嗯，我去看看我的三儿李裪去。这小子爱书如命，总待在书堆里，我真怕他累坏了。

越：好的，殿下再见！

广告贴吧

朝鲜男子实行号牌法

现规定，凡我朝鲜10岁以上70岁以下的男子，要根据自己的身份佩带一种号牌，号牌上必须注明姓名、住址、面色、身长，以及有没有胡须等事项。在发牌时，进行户口登记。如有违反规定，不带或伪造、遗失、借用给他人者，都会受到处罚。

朝鲜王朝议政府

铁马机械，领先世界

你知道大名鼎鼎的发明家蒋英实吗？他制造了观测天体的浑天仪，改良了金属活字印刷术，还研制了一种自动漏壶，不但能报时，还能知道季节变化。当然，最有名的是他发明的雨量计，这可是世界上第一个雨量计呢。这些神奇的产品，在我店均有出售。质量绝对过硬，如假包换，欢迎大家前来选购。

铁马机械店

妻妾有分，嫡庶有别

本朝太宗曾规定，两班大人只能娶一个妻子，不得多娶，也不得以妾当妻，但对妾室所生子女并无严格制约。

现决定，从今以后，无论父亲的身份多么高贵，小妾生的孩子身份必须跟着母亲走，即母亲是贱民，孩子就是贱民，父亲身份再高也没有用。只有嫡子可以担任文官，妾室子女只能担任武官或其他杂职。望大家周知。

朝鲜王朝成宗

第 9 期

【公元前 862 年—992 年】

古俄罗斯特刊：爱打仗的老祖宗

穿越必读

  俄罗斯地处中国北方，因为地域辽阔，做事低调、保守，被中国人称之为"北极熊"。在人们的印象中，它是一个富有战斗力的民族，受了欺负，一定会十倍地还回去。而这个鲜明的特性，则来自它最老的老祖宗……

东欧出了个新王国
——来自东欧平原的快讯

（本报讯）当欧洲的西边打得难解难分时，公元862年，中国的北边，也就是欧洲的东边，出现了一个崭新的王国。

很多人都知道，那里曾经是一块荒原，天气超级寒冷，当中国南方被太阳照得暖洋洋的时候，那里却冻得人直哆嗦。所以，那里除了多得数不清的河流湖泊，连个人影都看不见。

后来，一群自称为"斯拉夫"的人跑来打猎，捕鱼，养蜜蜂，这片荒原才有了生机，有了活力。

什么是"斯拉夫"呢？意思是"会说话的人"。

因为他们听得懂邻居日耳曼人的话，但日耳曼人却听不懂他们的话。他们觉得自己比日耳曼人会说话，把日耳曼人叫作"涅迷思"，也就是"哑巴"的意思。

这群斯拉夫人长得高高大大的，又特别能吃苦，看起来好像很厉害的样子。

那么，这个崭新的王国就是他们建立起来的吗？别着急，下面马上会告诉你。

来自东欧平原的快讯

化敌为友，海盗变亲人

斯拉夫人夸自己会说话，说日耳曼人是"哑巴"，这语气，是不是特别像一个爱夸耀的孩子呢？

事实上，由于天气太坏，斯拉夫人一年到头基本不出远门。所以，他们既不知道中国，更不知道阿拉伯，每天只知道低头干活，特别辛苦。

而那些"哑巴"邻居们，虽然不会说话，但一个个能骑马，会打仗，有事没事就会跑他们家里来"串串门"——彼此语言不通，当然不是聊天了，只是顺手牵羊地打个劫。斯拉夫人打不过，又没法跟他们理论，慢慢地，也就变得不爱说话了。

后来，著名的北欧海盗诺曼人也组团来了！因为他们善于航海，有一手精湛的驾船技术，当地人就称他们为"罗斯"，意思是"会摇橹桨的人"。

这些人一上岸，就拿着刀剑，跑到斯拉夫人家里抢劫。斯拉夫人不懂得打仗，只能看着干着急。

不过，海盗们抢完之后，还是继续往前走，干什么呢？去君士坦丁堡做买卖。那里是当时

绝密档案

世界上最繁华的地方，也是最适合做买卖的地方。海盗们就是通过那里，把抢来的财物卖到全世界。

斯拉夫人离东罗马这么近，是个中转的好地方。所以，罗斯人想在这里建一条大水道，通往君士坦丁堡。只要这条水路通了，就相当于种下了一棵摇钱树，就发财了。

还真别说，这条大水路果真让他们建立起来了。水路的名字叫作"从瓦良格人所在地域通往希腊之路"。沿着这条大水路，再走一小段陆路，就可以从北欧直接通往东罗马帝国了。

西欧人说罗斯人是强盗，斯拉夫人却觉得他们有本事、有见地，是个厉害的"瓦良格人"。

有了这条水路，罗斯人就像忙碌的蚂蚁一样，忙着把斯拉夫人的皮毛、蜂蜜和麻布卖出去，再把东方的丝绸和香料等值钱的东西买进来。

当瓦良格人忙得不可开交时，斯拉夫人跟在他们屁股后面跑上跑下，还常常邀请他们到自己家里做客。慢慢地，他们之间产生了深刻的友谊，甚至爱情，还生下了许多孩子。

既然两家都合为一家了，那还分什么彼此呢？

公元862年，瓦良格的头头留里克接到邀请，到北方的诺夫哥罗德当老大，一个崭新的王国就这样诞生了（史称留里克王朝）。

自由广场

海盗，罗斯人的"保护神"

南斯拉夫人
布托

听说东斯拉夫人哭着喊着请海盗们来保护他们，还把自己的土地让给那些海盗，自己甘愿低声下气受海盗使唤。他们是脑子进水了吧，这么一大帮子人，选不出一个自己的头领来？

应该不是自愿的吧？我听说，当时是有一支外敌入侵他们的地盘。他们打不过人家，就请海盗们来帮忙。结果，这些人把敌人赶走后，自己赖着不走了。唉，他们也是没办法，谁叫人家比他们强大呢！

西斯拉夫人
萨摩斯

瓦良格人
希克

你们瞎说，我们瓦良格人只爱钱，这管理国家可不是我们擅长的事儿。要不是我们的妻儿都在这里，需要保护，我们才不想操这个心呢！

罗斯人见多识广，精明能干，指谁打谁，打谁谁服，比我们强多了，有他们管理，大家又都是亲戚，就再也不用担心被欺负啦！现在斯拉夫人和瓦良格人都是一家人啦！你们就别管闲事了！

东斯拉夫人
杰姆

世界风云

挑战帝国的英雄

留里克死后,因为儿子年纪小,让自己的亲戚奥列格先帮忙处理一下国事。奥列格是个野心勃勃的家伙,不甘心守着又偏又冷的北方,把目标对准了南方的基辅(今乌克兰首都)。

基辅是三个罗斯兄弟在南方建立的一座小城,因为老大叫基辅而得名。那里地处第聂伯河中游,气候温和,风景优美,不过地势有点高,一时难以攻下。

于是,奥列格想了个办法,派人扮作商人,去拜见基辅的两位王公,说自己也是罗斯人,想请他们到城外喝一杯。

两个王公信以为真,喜滋滋地前去赴宴。哪里想到,奥列格早在城外设下埋伏。两位王公脚一踏进埋伏圈,奥列格就带着伏兵杀出来,大声喝道:"你们既不是王族,也不是贵族,有什么资格统治基辅?"说完,就让人将那两位王公杀死,占领了基辅。

附近的小部落吓得心惊胆战,

世界风云

赶紧向奥列格俯首称臣。

公元882年,奥列格以基辅为首都,建立了基辅罗斯公国(也称罗斯国),自己则成了第一个基辅大公。从此,南北两大城市都到了奥列格的手中。

之后,奥列格的野心也越来越大,带着兄弟们继续往南打,打着打着,就打到了君士坦丁堡。

东罗马人见他们来势汹汹,赶紧关上城门。罗斯人进不了城,就在城外大肆抢掠,抓到的俘虏,不是丢进大海,就是当作箭靶射杀。

东罗马被打得毫无招架之力,只好向奥列格求和:"别打了,你想要多少钱就给你多少钱,服了你还不行吗?"

奥列格得了钱,也见好就收。为了炫耀这次的胜利,他把自己的盾牌高高地挂在君士坦丁堡的城门上,这才心满意足地满载而归。

世界风云

奥丽加为夫报仇

留里克的大公们有一个优良的传统，一到秋天，就要去"索贡巡行"，实际上就是率领亲兵们去各地挨家挨户地打劫，而且一抢就是几个月，直到第二年四月河水解冻才结束。因此，老百姓一看到他们，就像老鼠见到猫一样，四处躲藏。

留里克的儿子伊戈尔继位后，有一年又像往常一样，到一个部落"巡行"，把老百姓家里翻了个底朝天，才大摇大摆地离开。可之后，他觉得抢得不够，要回去再"巡行"一次。

当地人看到大公又回来抢劫了，气得大骂："如果不把这只狼打死，整个羊群就会被吃光的！"于是，他们把伊戈尔抓起来，绑在两棵树上，撕成了两半。

伊戈尔的妻子奥丽加是个大美人。当地人整死伊戈尔后，得意忘形，跑去跟奥丽加说："你的丈夫像狼一样残暴，我们已经杀了他。我们的王公十分出色，你就嫁给他吧！"

奥丽加虽然长得美丽动人，却心狠手辣。见丈夫死得这么惨，发誓要剿灭那帮刁民，为丈夫报仇。她先是设计除掉了那些使者，埋的埋，烧的烧，杀的杀，然后宣布她已经报了仇，不想再找他们的麻烦了，让每户人家上缴三只鸽子，就既往不咎。可结果，她让手下将一些易燃物绑在鸽子的腿上，再让它们飞回去，把当地的房子全都烧成了灰烬。

后来，因为害怕这种事情再次发生，这种征贡就慢慢废止了。

娱乐八卦

死马也能害死人

据说,在奥列格远征君士坦丁堡之前,有个占星师说,他会死在自己的爱马手中。奥列格害怕,就放弃了一直跟随自己的爱马,把它养在自己看不到的地方。

过了好几年,有一天,奥列格突然又想起了这匹马,便召来养马的官员,问他:"我那匹马现在怎么样了?"

养马官答道:"那马已经死了,连尸体都已经腐化了,现在只剩下一堆白骨了。"

奥列格听了,便对那占星师说:"你们真会瞎掰。现在马都死了,我却还好端端地活着。"

由于对这匹马的喜爱,奥列格决定去看看这匹爱马的遗骸。

当看到那些散落的遗骸时,他笑着说:"难不成,这堆骨头还能杀死我?"

奥列格一边说,一边用脚去踹那马的头盖骨。没想到,令人惊异的事情发生了——

马的头盖骨中藏有一条毒蛇。毒蛇因为头盖骨被踢,跑了出来,一口咬伤了奥列格。

奥列格中了毒,没几天就毒发身亡了。

127

奇幻漂流

东罗马皇帝是不是怕我

编辑老师：

您好。我是伊戈尔的儿子斯维亚托斯拉夫。我很喜欢打仗，一年到头都在外面征战，国内的事基本交给我母亲，两人分工明确，把罗斯治理得还不错。

967年，东罗马帝国派人给我送来三吨黄金，让我去进攻南边的保加利亚。看在黄金的面子上，我答应了他们的请求，带兵打进了保加利亚，并且在多瑙河边住了下来。可在这关键时刻，东罗马帝国却突然派兵包围了基辅，害得我不得不连夜赶回去，解救我的母亲和三个孩子。

他们这样出尔反尔，实在是很不地道，我决心教训教训他们。可仗还没打呢，东罗马的新皇帝约翰（史称约翰一世）却想和我议和。你说他们是不是怕了我呢？

基辅大公　斯维亚托斯拉夫

尊敬的大公：

您好！东罗马人当初让您去攻打保加利亚，是想让您和保加利亚人斗得两败俱伤，他们好坐收渔翁之利。后来却发现搬起石头砸了自己的脚，反过来让您有可能吞并保加利亚，这才使了个"围基救保"的阴招，确实不够地道。

不过，此一时彼一时。东罗马换的这个新皇帝约翰是军人出身，很会打仗。他跟您议和，是因为皇位还没坐稳，不想打仗，而不是怕您。虽然您号称罗斯最伟大的征服者，但如果真打起来，谁输谁赢，谁也说不好，您可千万不要骄傲轻敌啊！

编辑　穿穿

（注：维亚托斯拉夫以为约翰怕了他，向东罗马发动战争，结果打了败仗，向约翰求和。最后在回家的路上，被敌人杀害。）

名人来了

 特约嘉宾 弗拉基米尔一世（简称"弗"）

 越越（简称"越"）

> 嘉宾简介：基辅罗斯公国的第五任大公，目前罗斯最有作为的统治者。在他的努力下，东正教（基督教三大流派之一）成为罗斯国国教。从此，罗斯人走向了新的文明。

越：大公，听说您又当新郎官了？让我数数看，这是您第几次了，1，2，3……

弗：打住打住。这次不一样。这次我娶的是东罗马的公主。

越：噢，东罗马怎么会愿意把公主嫁给您呢？就连法兰西、德意志的国王向他们求婚，他们都不愿意呢！

弗：开始他们也不愿意。但是我答应他们，让整个罗斯都皈依基督教，他们就答应了。

越：那您惨了，基督教提倡一夫一妻，您都娶了几百个老婆，要是信了基督，这几百个老婆怎么办啊？

弗：那我也只能对不起她们了！

越：唉！那您自己不也受委屈了吗？

弗：我？我不委屈！我娶公主，就是因为想加入基督教。

越：啊？

弗：你知道我祖母（指奥丽加）吧？她就是一名基督教徒。

越：但您父亲不是一直不同意吗？

弗：那是我父亲老顽固。我觉得祖母做得对，罗斯的神太多了，信一个神，有利于统一思想，统一治理。

越：那可以从这些神里面挑一个嘛！难道没有一个适合的？

弗：是啊，我也很绝望啊。所以我才想引入外来的宗教。

越：那外来的宗教这么多，您为什么单单选择基督教呢？

弗：不瞒你说，当初选哪一个宗教我也是费尽了脑汁，派了很多使者出去调查。

越：哦，结果呢？

弗：结果，使者们报告说，

名人来了

信奉伊斯兰教的人全都不准喝酒。

越：挺好的啊，喝酒伤身。

弗：好什么啊？我们罗斯人爱喝酒可是出了名的，要我们不喝酒，那还不如杀了我们。

越：那基督教呢？

弗：基督教复杂点。比如，西边国家的基督教教堂的排场不够富丽堂皇，拜占庭的基督教教堂却大得多。我们的人一去，就被震住了，说从来没看见那么壮观美丽的事物，都分不清自己是在人间，还是在天堂了……所以，我们就选择了拜占庭的基督教。

越：原来如此。怪不得您要娶东罗马的公主了。

弗：嗯，只要和东罗马搞好关系了，后面的事就好办了。所以，凡我罗斯子民，都必须接受洗礼，成为基督教教徒（史称罗斯受洗）。

越：总有人不愿意吧？

弗：谁要是不愿意，不管你是穷人还是富人，也不管你是贵族还是奴隶，一律都是基辅罗斯的敌人！

越：那现在基督教已经成为你们罗斯的国教了？

弗：对。

越：那恭喜恭喜，终于和国际接轨了！

弗：哈哈，谢谢。现在我们有了自己的文字，和东罗马的交流也越来越多，以后肯定会发展得越来越好的。

越：前提是，您得管好您的儿子们。

弗：嗯，什么意思？

越：……天机不可泄露。好了，今天的采访就到这里，谢谢大公。

广告贴吧

苦难的航行即将开始

四月到了，第聂伯河的冰雪又要融化了。兄弟们，我们的远航又要开始了！这将又是一次充满苦难的、繁重的航行。请做好你的独木舟，藏好你的武器，因为途中我们会经过九个险滩，敌人会随时向我们进攻。本次航行如果顺利的话，估计六周就能到达。预祝大家一路平安！

基辅—君士坦丁堡贸易团

征酒友

30岁之前，我在海上四处游荡；40岁之前，我加入了佣兵团；50岁之前，我成了佣兵团的头领。现在我60岁了，想听听我的故事吗？那就来我的家乡，与我尽情地喝一杯吧！

一个普通的罗斯人

为国效力的时候到了

亲爱的农兵们，这些年，在帝国的保护下，你们的收入稳定，装备精良。现在，罗斯人越来越猖獗，帝国需要你们的时候到了！保卫国家，就是保卫你们自己的家园、父母和妻儿。请你们响应帝国号召，为国效力吧！

东罗马帝国

智者为王 第❸关

1. 在"前三国时代"和"后三国时代"都同时存在的国家是哪个?
2. 朝鲜的科举制度是哪一年废止的?
3. 一张巧嘴退契丹讲的是哪个人物?
4. 辽人之后,高丽开始向哪个国家称臣?
5. 高丽蒙古化的时候,中国处于什么朝代?
6. 田柴科中的"柴"是指什么?
7. 谁是朝鲜王朝的创立者?
8. 第一个得到明朝册封的朝鲜国王是谁?
9. 谁命人发明了韩文?
10. 第一个被废掉的朝鲜国王是谁?
11. 蒋英实的什么发明是世界第一个?
12. "斯拉夫"是什么意思?
13. "罗斯"是什么意思?
14. 基辅是现代哪个国家的首都?
15. 罗斯国的国教是什么教?

智者**无敌** 王者**为大**

第10期
【1015年—1389年】

古俄罗斯特刊："狼"来了

穿越必读

基辅罗斯衰落后，分裂成许多独立的小公国。蒙古铁骑的到来，让他们明白内讧的代价。在被蒙古人统治的200多年当中，罗斯人逐渐学会团结一致，共御外敌。

顺风快讯

聪明人不走回头路
——来自基辅罗斯的加密快讯

（本报讯）公元1054年,"智者"雅罗斯拉夫大公不幸逝世。临终前,他再三交代,王公之位传给长子,其他人要服从安排,要团结,不要打架。

大公为什么要如此强调呢?这事还得从他的父亲老大公弗拉基米尔说起。

来自基辅罗斯的加密快讯

老大公在世时,一直提倡大家向东罗马学这学那,只有一样很不认同,那就是西欧的长子继承制。老大公认为,手心手背都是肉,若都给了老大,那就是偏心,所以生前没有确定继承人。可老大公一生结婚多次,子女无数,光儿子就有12个!他一死,12个儿子便打成一团。老大最凶残,一口气杀掉三个弟弟。

老六雅罗斯拉夫最有文化,也最机智,会说好几国的语言,召集很多国际友人过来帮忙,这才登上大公宝座。

为了不重蹈覆辙,雅罗斯拉夫就把王公之位传给了长子。

可惜,儿子们表面上答应得好好的,老头子眼一闭,就开始自相残杀,打了一轮又一轮,把基辅公国打成了一盘散沙……

大家都说,基辅罗斯的运气快要走到尽头啦!

自由广场

"狼"来啦

罗斯公国
商人休斯

天呐，鞑靼人（指蒙古人）又来打我们了！这可怎么办？听说他们拥有火炮，一炸就是一大片，所到之处，无恶不作，就连孩子也杀，太可怕了！

唉！罗斯分成了十几个小公国，实力分散不说，还成天窝里斗，哪挡得住鞑靼人那群狼！大家应该团结起来，共同抵御外敌才行！不然，鞑靼人今天夺走我的土地，明天就会来夺你的土地！

罗斯平民弗斯丁

罗斯士兵
阿纳尼

唉，要是那些王公能明白这个道理，梁赞公国向他们求救时，就不会不管了！现在，他们都是各人自扫门前雪，哪管鞑靼人的炮轰向哪里！唉，不可救药啰！

实力不如人，团结也没用。一个个都是在家一条龙，出门一条虫！我就不明白了，为什么同样是草原上长大的，打起架来，却是一个天上，一个地下呢？

罗斯平民
瑞特

（注：1240年，罗斯国被蒙古占领，就此灭亡。）

135

奇幻漂流

如何让罗斯人臣服

编辑老师：

你好。我是西征大统帅拔都。我的爷爷（指成吉思汗）生前有句话，无论是谁，只要打下了土地，那块土地就归谁。

所以，在我征服东欧大大小小的国家之后，这些地方就成了我的汗国（注：因为地处钦察草原，人们管这个汗国叫钦察汗国。又因为大汗的帐篷是金色的，所以钦察汗国也叫"金帐汗国"）。

让我发愁的是，罗斯国土地辽阔，气候寒冷，又四分五裂，他们的风俗、习惯和我们蒙古人完全不一样，如何才能彻底征服这个地方呢？

钦察大汗　拔都

大汗：

您好。首先恭喜您取得了如此辉煌的战绩。有句话说得好，"打江山容易，守江山难"。如今，东欧大大小小的国家基本在贵汗国的统治之下，他们民族不同，信仰不同，肤色不同，很难管理。尤其是罗斯，除了地方大之外，还常常窝里斗，您一个外人，就更难管理了。

最好的方法是，让罗斯人自己管理罗斯，选一个你们信得过的人担任弗拉基米尔大公，让其他公国服从他的领导，而汗国只要当好"太上皇"，坐享其成就可以了。

当然，光老大听话也不行，您还可以给一部分人减免赋税，给他们一些好处，多多重用他们，以取得更多人的支持。

总而言之，武力征服只是个开始，最难征服的是人心。要想长长久久地征服一个民族、一个国家，要走的路还很漫长，还请一路珍重。

编辑　穿穿

（注：各公国的王公为了得到"大哥"的资格，争先讨好金帐汗王，蒙古在罗斯的统治长达200多年。）

冰河英雄涅夫斯基

蒙古占领了整个罗斯，只有一个地方除外，那就是北方的诺夫哥罗德公国。

这个公国跟其他公国不一样，王公只是负责守卫和打仗，真正有权的是公民大会。想当他们的王公，要先过老百姓那一关。

因为当地经济发达，很多王公跃跃欲试。当地老百姓若是不欢迎，就会发出警告："你们出门前，最好先看看自己有没有长两个脑袋！"甚至会联手把他赶出去。

后来，弗拉基米尔大公把自己的儿子亚历山大派到这里。这一次，老百姓同意了。

事实证明，老百姓真的很有眼光。刚上任不久，这位新王公就干了件漂亮事：隔壁的邻居瑞典把战船开进了涅瓦河，蓄意挑事，被他带兵杀得片甲不留。

因为这一战，人们尊称他为"涅夫斯基"（涅瓦河

世界风云

的英雄）。

虽然他立了大功，但诺夫哥罗德的贵族很不高兴。为什么？他们担心涅夫斯基势力太大，会不听话。涅夫斯基懒得和他们争吵，心想，你怕我夺权，我还不干了呢，于是拍拍屁股回家了。

谁知，涅夫斯基一走，一个更强大的敌人——日耳曼骑士团来了。他们一路砍砍杀杀，一下占领了好几座城市。诺夫哥罗德公国的贵族吓得手忙脚乱，急忙准备一份厚礼，说了一箩筐好话，才把涅夫斯基重新请出来帮忙。

涅夫斯基确实厉害，一出手，就把先前被占的城池抢了回来。双方在一条结了冰的河上展开决战，骑士团被打得到处逃窜，不少人掉进了河里，冻死的，溺死的，杀死的，不计其数。

涅夫斯基将骑士团赶出了罗斯，人们称他为"冰河英雄"。

不过，涅夫斯基虽然对这些敌人如狼似虎，在蒙古人面前，却像绵羊一样温顺恭敬。大汗见他又能干又听话，一高兴，让他担任弗拉基米尔大公。

涅夫斯基对待这份工作十分上心，哪里有人反抗蒙古人，他就带兵开往哪里，还主动要求对罗斯人不要太客气。

有这样的帮手，蒙古人自然是眉开眼笑，相当满意啦！

世界风云

因祸得福,莫斯科当老大

在弗拉基米尔大公国里,有一个很不起眼的小城市,周围森林密布,马儿到了这里走都走不动,蒙古人很少到这来溜达。慢慢地,这里成了罗斯人的乐土,小城市也越变越大,变成了一个独立的小公国——莫斯科公国。

莫斯科的大公野心勃勃,不甘心只守着这么一小块土地,于是不断地向外扩张土地,甚至还想做罗斯的老大。

当然,要实现这个理想,必须得到金帐汗王的封号。为此,莫斯科大公尤里(涅夫斯基的孙子)准备了一份厚礼,想贿赂汗王。谁知,他的对头——特维尔公国的大公也看上了这个肥缺,准备了一份更大的礼。

尤里买官失败,灰溜溜地回了家。他知道这次失败是因为比人家穷,回家后励精图治,使劲赚钱,十年后,终于举全民之力,为大汗献上了一份更隆重的礼物。

汗王见钱眼开,二话不说,把特维尔大公从宝座上踢下,

改封尤里为弗拉基米尔大公,还把妹妹许给他做老婆。

尤里如愿以偿,带着新媳妇兴高采烈地往家赶。走到半路,特维尔大公带兵杀了出来,把公主抓走了。几天后,公主不知道什么原因,突然死了。

尤里死里逃生,跑到汗王面前,一把眼泪一把鼻涕地说特维尔大公毒死了公主,要汗王为她报仇雪恨。汗王怒不可遏,下令将特维尔大公处死。就这样,莫斯科公国借汗王之手,除掉了自己最强劲的对手。

尤里死后,他的弟弟伊凡(史称伊凡一世)当上了莫斯科大公。他知道,稳住汗王就稳住了一切,对汗王百般讨好。汗王一高兴,不但让他当上了弗拉基米尔大公,还让他代表自己向整个罗斯收税。

伊凡得了这个肥差,做事更加卖力了。当然,他所征得的税,并没有全部交给汗国,而是一部分送给了汗王的心腹和爱妃,一部分留在了莫斯科,买了一大片的土地。

很快,这个小小的地方,就有了几万的人口。人们都知道伊凡发了财,给他起了个外号叫卡利达,也就是"钱袋"的意思。

有趣的是,尽管这人贪污受贿,无所不为,蒙古人还是觉得这人实在,可靠,是个好奴才。就这样,莫斯科公国在蒙古人的眼皮底下,扩大了好几倍,一跃成为整个罗斯最强大的公国。

宁可光荣地死，不要屈辱地活

莫斯科公国强大的时候，金帐汗国乱得一塌糊涂，短短20年，汗王走马灯似的换了又换。伊凡的孙子德米特里当上弗拉基米尔大公后，便想摆脱汗国，不再纳贡。

好好的一块肥肉没了，金帐汗国当然不会答应。1380年夏天，金帐汗国调集大军，向罗斯发起进攻。眼看一场大战就要爆发，罗斯人纷纷拿起斧头、长矛、木棍等武器加入军队。

当大军来到顿河时，面对滔滔河水，有人犹豫了。

这时，德米特里对将士们说："我们来到这里，不是为了观赏顿河，而是为了解救罗斯，为罗斯献出自己的生命！与其屈辱地活着，不如光荣地死去！"

将士们受到鼓舞，当天晚上就趁着大雾，渡过了顿河。

河的对面是一片原野，丛林密布，河流纵横，蒙古人的马到了这里跑不动，只好跳下马来，和罗斯的士兵近身肉搏。士兵们挤在一起，踩的踩死，杀的杀死，场面十分混乱。

这时，一支罗斯军队突然从密林中跳出，把蒙古人打了个措手不及，大败而逃。

"我们赢了！"人们欢呼着，雀跃着，却发现德米特里不见了！原来，德米特里被敌人打昏，倒在了死人堆里。人们对他的英勇赞叹不已，从此称他为"顿斯科伊"，意思是"顿河上的英雄"。

名人来了

特约嘉宾

伊凡·卡利达
（简称"伊"）

越越
（简称"越"）

嘉宾简介：弗拉基米尔大公，绰号"钱袋"。有人说，这个绰号是因为他帮助金帐汗国向罗斯人搜刮钱财；也有人说，是因为他习惯随身携带一个钱袋，经常给穷人施舍。在他的治理下，莫斯科的号召力大大提高，为罗斯的统一打下了坚实的基础。

越：嗨，钱袋大公，您好啊！

伊：嘘，小点声，小心让鞑靼人听到！

越：一个外号，听到又有什么关系？

伊：但要是他们知道我贪污公款，那就有关系了。

越：其实吧，我觉得您家族的人都挺能干的，为什么不真刀实枪地跟鞑靼人对抗呢？比如你爷爷涅瓦斯基，如果他认真抗敌，不一定会输给蒙古人。

伊：他也是没办法，因为当时的瑞典人和日耳曼的骑士团比鞑靼人更危险。

越：怎么说？

伊：这蒙古人吧，就像龙卷风，来了，就会走。但这两个敌人就不一样，他们是想侵占我们的领土，消灭我们！

越：那您呢，您身边没有其他的敌人了，为何也不敢？

伊：不是不敢，而是时候未到。

越：时机？要什么时机，只要您想反，随时就能反！

伊：反，拿什么反？拿全体罗斯人的性命吗？

越：您也不要说得这么夸张。我听说您爷爷（指涅瓦斯基）在世时，他的弟弟就联络几个大公，组成了一个地下反蒙联盟，准备解放罗斯。

伊：是啊，那群傻子还准备拉我爷爷入伙，一起光复河山呢！

越：干吗叫人家傻子？……听您这口气，您爷爷没有参与了？

伊：岂止没参与，我爷爷还到汗王那里告密了。不然，你以为他的大公之位怎么

143

名人来了

来的？

越：啊，他这么做，不是出卖同胞吗？

伊：这个我倒是能理解，你想想，以他们当时的实力，能打得过蒙古人吗？

越：估计够呛，整个欧洲都不是蒙古军的对手。

伊：是啊，但要是他们失败，肯定会连累到我爷爷。所以，与其让他们鸡蛋碰石头，做无谓的牺牲，不如选择告密，保全自己，保全罗斯！你们中国有句话叫什么来着，留得……

越："留得青山在，不怕没柴烧"！

伊：对对对，就是这意思。而且罗斯最大的毛病是内讧，很多王公想借这个机会除掉我们，这也很有可能。我爷爷那么聪明，怎么可能上这个当？

越：您爷爷考虑得真多。

伊：时势所逼，没有办法。不光是他，就连我，现在也只能老老实实地做一个顺民，积蓄实力！

越：这么说，您和您爷爷还是罗斯的民族英雄了？

伊：英雄不敢当，但肯定不是卖国贼。他要是卖国贼，当年还会被鞑靼人毒死吗？

越：毒死？不太可能吧，他那么听话，鞑靼人怎么舍得呢？

伊："听话"只是我们家族对抗鞑靼人的策略，不能让鞑靼人看出来，要是让他们知道，只能死路一条。

越：您这话说得，太正义凛然了！我都快被说服了。那你们既然是这么想的，为什么不团结各公国的人，一起对抗蒙古人呢？

伊：团结？哼，这些人如果能团结一点点，罗斯就不会亡国了！

越：那是因为大家以前没意识到。现在亡羊补牢，为时也未晚啊！

伊：现在还不到时候，实力不行的情况下，硬拼没有好处。

越：那要等到什么时候呢？

伊：也许是100年后，也许是200年后，不管是多少年，总有一天，罗斯会自由的！

越：那我祝罗斯这一天早点到来！

广告贴吧

🗡 抗议书

　　这些年，公国废掉了血族复仇的习俗，要求大家不要再为亲人杀来杀去，为此，还特地颁布了《罗斯法典》。

　　可是，去年我爷爷被西北坡的农场主杀了，按照《罗斯法典》，只给我们家赔偿了5格里夫纳。我的哥哥气不过，把那场农场主杀了为爷爷报仇，结果却要赔偿80格里夫那。

　　为什么同样的法令，杀害王公贵族就要赔偿这么多，杀害一个农民，却只要赔偿这么一点呢？这不公平！

　　我相信，有我这种遭遇的并不是只有一家，希望大家能够联合起来，一起去汗王那谴责这个不公平的制度！

农民休斯

🪴 听八思哈的话

　　为加强罗斯的稳定繁荣，维护各公国的安定和团结，现决定给各公国派遣一部分八思哈（指镇守官）。

　　从今以后，由八思哈代表我金帐汗国处理当地事务，并负责督促各公国的贡赋缴纳工作。每一个公国及国民都必须严格执行八思哈的命令，听八思哈的话，如有胆敢违抗者，一律处死，绝不宽恕！

金帐汗国

🕰 参军动员令

　　兄弟们，鞑靼人的大军焚烧我们的城市，抢走我们的粮食，还要抢走我们的妻子和女儿！为了我们的亲人，为了我们的家园，来参军吧！

德米特里

第11期
【1389年—1505年】

古俄罗斯特刊：两个伊凡大帝

穿越必读

在被蒙古人压制了200多年之后，罗斯人以莫斯科为中心，摆脱了蒙古的统治，基本实现了统一。统一后的罗斯，不是安享太平，而是开始了复仇之路。

顺风快讯

莫斯科大公迎娶拜占庭公主
——来自莫斯科公国的加急快讯

（本报讯）公元1469年，莫斯科公国迎来了一件大喜事——伊凡大公（史称伊凡三世）与拜占庭的索菲亚公主结婚了！

索菲亚公主是拜占庭的末代皇帝君士坦丁十一世的侄女。东罗马灭亡后，她跟着父亲逃去了罗马。

罗马教皇是个热心肠，听说伊凡大公的妻子死了，让索菲亚公主嫁给大公，好让莫斯科出动大军，挡住奥斯曼大军。

要是以前，公主断断不会同意嫁到莫斯科那个鸟不生蛋的地方。但现在，落地的凤凰不如鸡，公主心想，与其在罗马逃难等死，不如去东欧拼一把。而伊凡大公想的是，西罗马没了，东罗马也没了，一旦与公主结了婚，自己就拥有古罗马帝国的高贵血统，不就是名正言顺的"第三罗马"了吗？

两人一拍即合。于是，索菲亚公主带着大批希腊和罗马的学者、工匠，还有一大堆书籍，嫁到了莫斯科。从此，罗斯改成了俄罗斯，拜占庭帝国的双头鹰标志也成了俄罗斯的标志。

来自莫斯科公国的加急快讯

世界风云

伊凡三世统一罗斯

虽然娶到了美娇娘,但大公最近还是有点烦。

原来,在罗斯各个公国中,论实力,莫斯科公国是最强的,但论最有钱的,还是要属诺夫哥罗德公国。伊凡想统一罗斯,就必须先让诺夫哥罗德公国听话。

可是,诺夫哥罗德公国的贵族们不愿认莫斯科大公当上级,为了对付莫斯科,反而和邻居波兰打得一片火热,甚至还请求波兰国王派个公爵来坐镇。

大公知道后,气得直冒火,当即派出三支大军,把诺夫哥罗德大军打得落花流水。

照理,他可以乘胜追击,收服诺夫哥罗德。关键时刻,大公却犹豫了,他担心诺夫哥罗德拉上波兰一起反抗,把事情闹大,于是和颜悦色地对诺夫哥罗德贵族们说,只要他们保证不再与波兰来往,就允许

他们保持独立。

诺夫哥罗德人一听，哎，这老板心胸像海一样宽，靠谱！于是刷刷刷地写下了保证书。

几年后，也就是1474年的一天，诺夫哥罗德派使者出使莫斯科。那使臣可能没见过什么世面，一紧张，脱口就称伊凡大公为"国君"。要知道，以前这些使者见到莫斯科大公时，都是叫"老爷"的。

大公一听，喜出望外，马上顺杆往上爬："既然你们称我为国君，那就回去告诉你们王公，从今以后，我就是你们诺夫哥罗德的国君了。"

使者一听，不得了，闯了大祸，赶紧回去向贵族们汇报。贵族们当然马上回绝，说这是一时口误，算不得数。

这可把大公惹毛了，好啊，敬酒不吃吃罚酒，不打不行！于是立即派出重兵，把诺夫哥罗德围了个水泄不通。

诺夫哥罗德搬不到救兵，又冷又饿，只好取消独立，乖乖地向莫斯科公国臣服。周围的小公国一看，这么老牌的"钉子户"都服软了，一个个吓得腿发软，赶紧也跟着投到了伊凡的麾下。

就这样，分裂了300多年的罗斯基本得到了统一。

世界风云

逃跑国王捡了个胜利

娶了拜占庭公主后,伊凡三世底气大增,腰板直了,口气也硬了。蒙古使者跑来收税,伊凡三世对着他们破口大骂,说养了蒙古人两百多年,以后一个子儿都不会再给了。说完,还咔嚓一下把使者杀了,特别威风。

汗王阿合马汗见伊凡这么嚣张,气得直跳脚,恨不得马上杀过去。可是,这时的金帐汗国四分五裂,早已没有往日的威风,罗斯人不交税,军费都没有,怎么打?

就这样,准备了好几年,阿合马汗才带兵跑去找他们算账。

奇怪的是,双方隔着一条河,你望着我,我望着你,望了半天,什么也没干。伊凡本来就胆小谨慎,是个吃个樱桃都要分两次吃的人。他见对方杀气腾腾,又按兵不动,以为又在酝酿什么阴谋,心里直打鼓,当即收拾铺盖,丢下大军回莫斯科去了。

堂堂国王,居然当了逃兵。莫斯科市民气得直冒火,国王一回去,

世界风云

就被他们团团包围。这个说："你怎么能当逃兵呢？"那个说："你这样还配当国君吗？"伊凡被说得灰头土脸，只好硬着头皮，重回前线。

而这时，蒙古人还是什么也没干。他们在干吗呢？在等。等河面结冰，等两个盟友——波兰和立陶宛的援军。幻想着援军一到，就一起把莫斯科军队打个落花流水。

可结果，等啊等啊，等到冬天来临，大雪纷飞，没有等来援军，反而等来了几个坏消息——盟友发生内乱，援军来不了了；汗国的首都也被人偷袭，眼看保不住了。

阿合马汗心想，可不能把大本营给丢了啊，于是就撤了兵。谁知，回去的路上碰上了另一支敌军，阿合马汗还没来得及打招呼，脑袋就搬了家。

就这样，双方隔着河瞪了几个月，伊凡不费一兵一卒，白白地捡了个大胜利。不久，金帐汗国分为几个小国，迅速衰落下去，再也没有力气欺负莫斯科公国了，反而成了莫斯科欺负的对象。

蒙古对罗斯长达两百多年的统治就此结束，而罗斯则开始一步一步统一，走向强盛。

世 界 风 云

俄罗斯的出海梦

　　1547年，年仅17岁的俄罗斯大公伊凡（史称伊凡四世）戴上了金光闪闪的皇冠，还给自己加了一个霸气的名号"沙皇"。

　　年轻的沙皇想去欧洲看看，和欧洲人交交朋友，做做生意。可是，俄罗斯几乎没有一个出海口，要出海必须经过波罗的海。而这条路上，常常有条顿骑士团出没。怎么办？

　　沙皇对大臣们说："波罗的海的海水是值得用黄金来度量的。"意思是，波罗的海对俄罗斯来说，好像金子一般贵重，必须把它抢过来。

　　正好这时，骑士团以前欠了俄罗斯一大笔钱，一直没还。沙皇暗喜，立即命令骑士团尽快还钱，否则就不客气了。骑士团派了两次代表团来到莫斯科，请求沙皇高抬贵手，宽限一段时间。沙皇拒绝了他们的请求，威胁说："如果你们还不还钱，我们就自己去取。"

　　1558年1月，沙皇一声令下，俄国军队像潮水般涌进骑士团的大本营——立窝尼亚（波罗的海东岸地区），见房就烧，见人

世界风云

就杀，一口气占领了20多个城市。

骑士团见势不妙，赶紧向当时东欧最强大的国家——波兰求救。

波兰和俄罗斯一样，都是斯拉夫人建立的。不过，和俄罗斯不同的是，波兰拥有一块肥沃的平原，勤劳的波兰人在这块土地上种上了庄稼，让平原变成了粮仓，波兰也因此变成了"欧洲粮仓"，富得流油。著名的科学家哥白尼就来自这个国家。

因此，波兰表面答应得好好的，实际上却打着自己的小算盘。任双方怎么打，它就是按兵不动。结果，骑士团被迫瓦解，立窝尼亚的领土全部落到了波兰、立陶宛这些邻居的手中。

眼看辛苦了半天，却为别人做了嫁衣，沙皇很不甘心，决定打,继续打,打到夺下立窝尼亚为止!

可惜这一次,情况已经不同了。他要面对的是波兰、立陶宛、瑞典、丹麦等好几个国家,一开始就被打得落花流水。

俄军统帅害怕被沙皇问罪,索性投奔了敌人的阵营,后来还给沙皇写了一封信,骂他是暴君,是刽子手。沙皇看过信后,暴跳如雷,发誓要踏平立陶宛,千刀万剐这个叛逆者。

可是,打到最后,情况对俄罗斯越来越不利了。俄罗斯以一敌四,实在力不从心,只好和他们讲和。

打了20多年,俄罗斯不但没有夺得出海口,反而失去了一些土地。此后,波兰和瑞典就像两堵墙,挡住了俄罗斯西边的出路。俄罗斯的出海梦还会实现吗?

奇幻漂流

如何对付西伯利亚人

编辑老师：

你好。我是俄罗斯沙皇伊凡四世。虽然我们向西走不通，向东却畅通无阻，多次打败蒙古人。最近有人告诉我，在乌拉尔山的东边，有个地方叫西伯利亚，表面上看是冰天雪地，实际上它地下是个大宝藏，地上有大片大片的森林，有很多珍奇的宝贝。光是两张貂皮，就可以换来一间小屋和几匹马。要是得了它，那就相当于得了一棵摇钱树啊。

可是，现在我的军队都放在波罗的海，分身乏术，没有工夫来夺取这块地方。你有什么好办法吗？

伊凡四世

尊敬的沙皇：

您好。据我所知，让您伤脑筋的，除了西伯利亚，还有一群叫"哥萨克"的人。这些人原本住在中亚，因为想当"自由人"，不想被绑在土地上一辈子，所以去了俄罗斯西南部。他们个个精通骑射，常常袭击过往的商人，还抢劫官差，正被您全国通缉。如果您赦免他们的死罪，还给他们尝点甜头，利用他们去对付西伯利亚人，不就两个问题都解决了吗？

编辑 穿穿

（注：伊凡四世利用哥萨克人，吞并了西伯利亚汗国，自称"西伯利亚皇帝"。）

自由广场

可怕的伊凡

某市民

呀,圣巴西尔大教堂建成了!你们快去看呀,简直太美了!9座小教堂高低错落,还载着别致的洋葱头帽子,就像公主住的童话世界一般。造出这么美的建筑,沙皇陛下一定给了建筑师不少赏赐吧?

别说了,那两个建筑师被沙皇陛下把眼睛给挖了,说是免得他们以后再造出这么美丽的建筑来!没想到吧?

某木匠

某教士

哼,这些年他杀的人还少吗?光是诺夫哥罗德的大清洗,就杀了3万多人!老婆娶了七八个,却没几个善终的!如果要立一个恐怖帝王榜,他一定名列榜首,因为他杀的人,没有人能数得清!

这个暴君从小就不是什么好东西,我就曾经亲眼看过,他捉到一只小鸟之后,先残忍地把羽毛一根一根地拔掉,然后再挖去小鸟的双眼,最后把小鸟大卸八块,让小鸟在极度痛苦中死去。简直是变态啊!

某小兵

某侍卫

小鸟算什么,他不是还用手杖亲手打死了自己的儿子吗?——哎,都快别说了,小心被陛下派出的秘密警察听到了,小命不保啊!

名人来了

特约嘉宾

伊凡四世
（简称"伊"）

越越
（简称"越"）

嘉宾简介：俄罗斯第一位沙皇，会作曲，会唱歌，会读书，会演讲，却心狠手辣爱杀人，人称"雷帝"。在他的带领下，俄罗斯人东打蒙古，西打欧洲，把俄罗斯的版图扩大了一倍以上，成功跻身欧洲强国之林。

越：沙皇陛下，您好，您也叫伊凡？

伊：怎么，有问题吗？

越：没，我就觉得奇怪，为什么你们俄罗斯起名都起一样的名？比如，您的祖父叫伊凡，您也叫伊凡，哎，搞得我有点迷糊了！要是在我们中国，小辈起了跟长辈一样的名字，是犯了大忌呢！

伊：我高兴，我愿意，你几个意思？

越：没什么意思，我就随便说说，您别这么多疑啊！——听说生性多疑的人都有一个悲惨的童年？

伊：我的童年是很惨。三岁父亲就去世了，八岁母亲又被人毒死了，大臣们欺负我年纪小，当着我的面争权夺利。我从小由我的奶娘抚养长大，奶娘是我唯一的安慰。可他们却要把我的奶娘流放到我看不见的地方。我哭着求他们，他们却没把我放在眼里，硬是把我奶娘活活地拖走了。（有点哽咽）

越：（有点同情）陛下……

伊：那时候，我每天都过得提心吊胆，生怕哪一天会被人杀了。所以我发誓，等我自己有了权力之后，我要建立一支专门属于我的军队，只对我一个人忠心就可以了！

越：我刚刚在街上，看见一支很特别的军队，士兵们穿着黑袍，骑着黑马，带着一把扫帚和狗头，就是这支军队么？

名人来了

伊：没错。狗头表示他们要像狗一样忠实，扫帚表示要把沙皇的敌人清扫干净。

越：哦，请问"沙皇"是什么意思？

伊："沙"这个音就是从"恺撒"这个词转来的。我小时候看了很多书，最佩服的人就是古罗马的恺撒大帝，想做一个像恺撒大帝那样的大英雄、大人物！

越：了不起啊！当年您的祖父也想当沙皇，却又畏畏缩缩的，结果当了一辈子大公，憋屈死了。

伊：俄罗斯我最大，我的称号当然是我做主。

越：那听说您还有个称号叫"雷帝"，这又是怎么回事？

伊：可能是因为我出生的那一天电闪雷鸣吧。

越：会不会是因为您动不动抓人、杀人，人们觉得您心狠手辣，像雷电一样恐怖，才给您起了这么个外号呢？

伊：人不狠，站不稳！他们总要造我的反，该杀！

越：可伊凡太子没有造反，也被您亲手打死了，他也该杀吗？

伊：小记者，我那么多丰功伟绩你不采访，就揪住我这个小辫子不放，什么意思？

越：好事不出门，坏事传千里……

伊：唉，我不是故意的啊。我们父子脾气都不太好。我当时情绪太激动了，等我清醒过来，他已经死了。我就这么一个靠谱的儿子，你说，我怎么忍心杀了他呢？

越：唉！冲动是魔鬼啊！——不过幸好您还有一个儿子。

伊：那是个弱智，跟没有没什么两样！你说，你说，难道我辛苦打下来的江山，就这样白白地送人了吗？我不甘心不甘心！（狂嚎）

越：陛下……

（侍卫上前说："陛下可能受刺激了，小记者您请回吧！"）

越：噢，陛下可能有病，要早点治啊！再见！

（注：伊凡四世去世后，俄罗斯混乱不堪，内忧外患，变成了一个烂摊子。）

159

广告贴吧

禁止农民迁移

自 1497 年起，本国农民还清债务之后，还是不得随意走动，更不得随意从一个主人名下转到另一个主人名下，只有每年秋后尤里耶夫节（旧历 11 月 26 日）前后各一个星期，才可以离开主人。因各种原因不得不离开的，必须向原主人缴纳一定的财物。凡违抗此令，私自逃亡者，一律严惩！

《一四九七年法典》颁布中心

(注：至此，农奴制开始在全国内形成。)

给我一块木头，还您一件艺术品

本店店主来自俄罗斯。在俄罗斯，所有的建筑几乎都是木头做的，不管是农民、工人、商人，几乎都是好木匠。所以，如果您有什么木匠活，请放心地交给我们。我们不需要设计图，也不需要任何仪器、钉子，只要您给我一块木头，我将还给您一件艺术品！

俄罗斯木匠店

一起去俄罗斯做生意吧

前不久，我想从北方出发，到东方去探险。没想到还没到达东方，我的船遇到了大风暴，漂到了俄罗斯。听说俄罗斯人会吃人，很多探险家去了俄罗斯，没有能够活着的。事实证明，这些想法都是错误的。事实上，俄罗斯一直被蒙古压制，很少有机会去东方，所以，我们欧洲人对他们很陌生，他们也不知道欧洲发生了什么事。

现在，俄罗斯已经允许我们英国和他们通商了。如果您有兴趣了解这个神秘的国度，那就加入我们的船队吧。相信，您一定会不虚此行！

英格兰航海家　钱塞勒

第12期

1526年—17世纪末

印度特刊：蒙古人在印度

穿越必读

帖木儿帝国灭亡后，他的后人巴布尔在印度开创了一个新的帝国——莫卧儿帝国。伟大的阿克巴大帝励精图治，让帝国站稳脚跟，进入全盛时期。而当帝国领土达到最庞大时，帝国却慢慢衰落了。

顺风快讯

"老虎"在印度称王
——来自爱克巴坦那的快讯

（本报讯）公元1526年，亚洲传出一条令人震惊的消息——一个蒙古人居然自称"印度斯坦皇帝"，把一盘散沙的印度统一了起来！

据了解，这个蒙古人叫巴布尔，也就是"老虎"的意思。还记得帖木儿帝国吗？据说，他就是大名鼎鼎的帖木儿的后人。

帖木儿死后，他的帝国四分五裂，最后被乌兹别克人灭亡。巴布尔被打得找不着北，带着几百个人往南边逃，几年后在喀布尔（今阿富汗的首都）建立了根据地。

来自爱克巴坦那的快讯

这时，印度最大的国家叫德里苏丹国，已经快挂了，天天闹内讧。有个总督想趁机捞一把，请巴布尔出兵攻打印度。

巴布尔求之不得，马上带上军队杀向印度，很快占领了印度北部大部分地区，然后以阿格拉为首都，建立了一个叫"莫卧儿"（又名"蒙兀儿"，蒙古的意思）的帝国。

奇幻漂流

蒙古人在印度安家

编辑老师：

您好！我是巴布尔旗下的一员小兵。现在我们跟印度的仗打赢了，钱也抢到了，很多人都想回家。但巴布尔却不同意，说印度有大片土地，大把资源，大把人力，如果留在这里，用不了多久，就可以建立一个强大的国家。

可是，留在这里，怎么能完成帖木儿帝国的光复大业呢？而且，印度既没有好马，也没有美食，天气热得也让人受不了！我们该怎么劝说巴布尔呢？

一名想家的小兵

小兵：

您好！我理解您的心情，谁都觉得自己的家乡好。但是你们想过没，回去之后，你们能做什么呢？你们打得过乌兹别克人吗？还是打算一辈子当土匪，当强盗？

如果不是，为何不在印度另起炉灶？抢一时，只能痛快一时。你们应该庆幸，跟了一个好领导。一个好的领导人，懂得什么时候退，什么时候进。巴布尔比你们有文化，有想法，有远见，虽然你们不是乌兹别克人的对手，但对付印度人还是绰绰有余的。若是跟着巴布尔走，肯定能干出一番大事。

现在雨季就要来临，天气很快就要凉快了，大家就留在印度吧！

自由广场

阿克巴的"蜜枣"与"巴掌"

小·兵甲

你们知道吗？大将军谋反，被阿克巴镇压了！阿克巴真不愧是巴布尔的孙子，14岁当上皇帝，17岁就把大权拿了回来！

大将军心狠手辣，阿克巴却宽厚仁慈，他们俩本来就不是一个道上的人。有一次，我们俘虏了一个国王，大将军让皇帝亲自动手把老国王处死。阿克巴却放下刀，扶起老国王，说只要愿意归降，就能免死，子孙后代还可以入朝做官。你们说，这样仁慈的国王，谁不服？

小·兵乙

某拉其普特人

你们说的皇帝，跟我在战场上看到的，是同一个人吗？我看到的阿克巴，可是对谁都不客气！我们有很多兄弟姐妹就是死在他的屠刀下！

那是因为你们不听话！要是听话，就会像对老国王那样，减税，赐官，"蜜枣"一大堆。但要是和他对抗到底，哼，那自然就是给你一巴掌，打到你鼻青脸肿，彻底投降为止。

小·兵丙

某吠舍

没有这些"蜜枣"和"巴掌"，他怎么可能用30多年的时间，就统一北印度了呢？依我说，他才是莫卧儿帝国真正的奠基人！

世界风云

文盲皇帝治天下

最近，有人编了一首歌，来称赞皇帝阿克巴。为了减轻人们的负担，阿克巴将土地按等级征税，取消了一些不公平的赋税，遇到天灾人祸，还开仓放粮，确实是个好皇帝。

可是，阿克巴听了这首歌，却很生气，严禁大家传唱，还说如果谁敢再唱，就罚他做苦役。这是怎么回事呢？

小编把这首歌找来听了听，恍然大悟。原来，这首歌的歌词是这么写的："文盲帝王阿克巴，就像天上的太阳啊……"

啊，皇帝原来是文盲？！那他是怎样批阅文件处理国家大事的呢？该不会一直找人代笔吧？老百姓知道后，都议论纷纷。

其实，这也怪不得阿克巴。阿克巴还小的时候，帝国发生叛乱，阿克巴跟着父亲东奔西跑，根本没有时间读书认字。

可是，堂堂一个皇帝不认字，怎么也说不过去，阿克巴自己也很郁闷，决定拾起书本重新学习，不再让别人笑话自己。

决心是有了，但他一拿起书本，头都大了，感觉比打仗还难。于是，他想了一个办法，让大臣们

世界风云

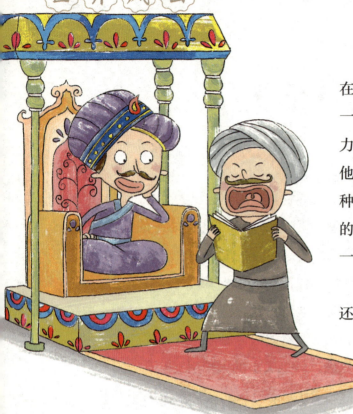

在一旁给自己"读"书。这一读还挺见效,阿克巴记忆力很好,凡是给他读过的书,他都过"耳"不忘。通过这种方法,阿克巴获得了渊博的知识,还能经常和学者们一起讨论文学、哲学呢!

阿克巴不仅爱"读"书,还在宫里养了一批画家、音乐家,没事就开开画展,听听音乐会。每次他总是兴致勃勃地观赏,并加以点评。碰上好的画作,他大手一挥,给予很多赏赐。音乐听多了,慢慢地,他也学会了作曲,就让人将印度梵文乐谱转译成波斯文,再用波斯文演唱。

在他的要求下,官员们也开始互相学习,印度教官员学习波斯文,伊斯兰教官员学习印度文。到后来,有的大臣甚至能同时用波斯文和印度文写诗作词。

除此之外,阿克巴对建筑设计也很感兴趣。在他的皇家花园里,有绿意盎然的草坪,有巧妙循环的喷泉,有清澈明亮的水池,有姹紫嫣红的花坛,有郁郁葱葱的树木……而这一切,全都是他亲自参与设计的呢!

世界风云

宽容帝王，辉煌盛世

我们知道，印度是世界上宗教最多的国家，最流行的是印度教。而莫卧儿的帝王都是伊斯兰教教徒，因此，伊斯兰教教徒和印度教教徒时不时发生冲突，闹得很凶。

不过，阿克巴当了皇帝后，不愿意强迫别人去接受伊斯兰教，他说："我自己都还没弄清楚，为什么要去强迫别人呢？"

更让人吃惊的是，他不但把印度教教徒请到宫廷做高官，还娶信奉印度教的公主做妻子，经常把自己打扮成印度教教徒的样子。每天清晨，他还按照印度教的习俗，在阳台上接见臣民。

印度教把牛当神，不许宰杀，阿克巴就禁止宰牛，吃牛肉，甚至放弃了他最喜爱的运动——狩猎。另外，他还刮掉了自己的胡子，他说，在印度这么热的国家，剃掉自己的胡子，可以让自己更凉快。

慢慢地，很多印度教教徒发现，只要听阿克巴的话，不但不会失去尊严，得到的好处也比之前多得多，就不再和伊斯兰教作对了。

在印度，女人的地位十分低下。印度教有个古老的风俗，丈夫死了，妻子

世界风云

就得跳入火堆殉葬。阿克巴觉得这种风俗太野蛮，太残忍了，于是派出督察专员到全国去巡察，只要寡妇不是自愿殉葬，就让专员去保护她们。

一天，阿克巴正在王宫举行宴会，有位督察专员告诉他，有位将军战死后，他的妻子被自己的儿子逼迫跳火殉夫。

阿克巴立即骑马奔向将军府。将军妻子正被一群人押上火堆，准备活活烧死。

阿克巴走到将军妻子面前，问她："你跳火是自愿的吗？"

将军妻子连连摇头说："不是啊，陛下！是他们逼我的！"

阿克巴手一挥："既然如此，那就免了吧！今后不准强迫寡妇跳火殉夫，若有违令，一律严惩！"不仅这样，他还允许寡妇改嫁。

从此以后，这个愚昧的风俗就开始在印度慢慢消失了。

在研究了各个宗教之后，阿克巴创立了一个新的宗教。这个宗教没有上帝，没有先知，没有教务，没有寺庙，入教的人不需要祈祷，只要平时多多爱护动物，多做好事就行。

在阿克巴的努力下，莫卧儿帝国被治理得井井有条，首都阿格拉一下成为世界上人口最多、最繁华的城市之一。人们对他的胆略、智慧以及宽容佩服得五体投地，尊称他为"阿克巴大帝"。

世界风云

泰姬陵，一座爱情的纪念碑

阿克巴有个孙子叫沙贾汗，这个皇帝没什么本事，却很爱他的老婆。他的老婆来自波斯，是个绝色美人。沙贾汗称她为"泰姬"，两人恩恩爱爱，形影不离，生了14个孩子。

不幸的是，1631年，在生完最后一个娃之后，泰姬去世了，死时还不到40岁。沙贾汗悲痛欲绝，决定为妻子修建一座世界上最美丽的陵墓。他请来最好的建筑师，征集全印度最优秀的工匠，花了整整22年，终于建成了这座陵墓。

整座陵墓面南朝北，长约600米，宽约300米，占地17万平方米，全部由白色大理石建成。四周是石墙，北面正中是陵寝，陵寝的顶部是一个洋葱头似的圆顶，大理石上有各种各样美丽的花纹与图案，全部由宝石、玛瑙、水晶等镶嵌而成，绚丽无比。

世界风云

陵寝的东西两侧是完全相同的两座建筑，四角各有一座尖塔，每座塔均向外倾斜12度。据说这样，是为了防止地震时，高塔倒下来砸到陵寝。可见沙贾汗对爱妃的爱护之心。

陵寝的前面是一座大花园，花园前面是一个清澈的水池，两旁是红色的通道和绿色的树木。在湛蓝的天空下，纯白色的陵墓和水中的倒影交相辉映，就像两个热恋的情人，让人想起一代帝王的爱情故事，唏嘘不已。

整个布局精致而又高雅，庄严而又和谐。虽然沙贾汗修筑泰姬陵是为了纪念爱情，但它却在无意中成为世界艺术的典范，相信很难被超越了。

这可是世界艺术的典范啊！

一只拖鞋，征服 17 个国家

泰姬的 14 个孩子里，只有 7 个活了下来，最后当上皇帝的，是老三奥朗则布。本来沙贾汗选定的接班人是老大，但奥朗则布趁沙贾汗卧病不起，把他关起来，杀死了 3 个兄弟，霸占了本来不属于他的皇位。

虽然这个过去不太光彩，但奥朗则布是个胸怀大志的人。从登上王位开始，就不断地对邻国发动战争。

传说，当他发动战争时，既不宣战，也不派兵，而是先让人送出一只黄色的拖鞋。

通常，他会把一只大象装饰得格外华丽，然后把这只黄拖鞋郑重其事地放在大象的背上。大象背着这只黄拖鞋，优哉游哉地到各国巡游。哪个国家接受了这只拖鞋，就表示这个国家愿意臣服。如果不接受，随后而来的，将是奥郎则布的军队和大炮。

一开始，有的国家没有拿这只拖鞋当回事。结果，没多久，他们就被莫卧儿帝国的军队打得落花流水，不但老百姓一个个惨遭屠戮，就连国家也彻底灭亡了。

打这儿以后，好多国家就学乖了。只要看到奥朗则布的黄拖鞋，就光着脚跑出来，带着大臣们一起把大象迎进王宫，然后再恭恭敬敬地把拖鞋从大象背上取下来，放在王座上。

只要接受了这只黄拖鞋，就表示这个国家成了莫卧儿帝国的一部分了。这样算下来，这只拖鞋一连征服了 17 个国家呢！

嘻哈乐园

名人来了

特约嘉宾
奥朗则布
（简称"奥"）

越越
（简称"越"）

> 嘉宾简介：莫卧儿帝国最后一位皇帝。他勇敢、勤勉、朴实、自律，拥有巨大的野心与魄力；但他又自大、冷酷、多疑、严厉，缺乏温情和远见。是他，统一了印度，把帝国推向鼎盛，也是他，瓦解了莫卧儿王朝，让帝国从繁荣走向衰败。

越：陛下，您好。您今年高寿啊？
奥：不高，也就快90了吧！
越：您都这么大一把年纪了，还亲自审批文件？
奥：当然，我很喜欢这份工作。
越：这些小事情可以交给大臣去办嘛。
奥：交给他们办，我不放心啦。
越：国君对臣子连这点信任都没有的话，臣子怎么做事呢？您要实在无聊，可以像以前的皇帝那样，写点自传什么的呀。
奥：写自传做什么？表扬自己？这我可做不出来。
越：那就像您父亲那样，修个陵墓、建个王宫什么的也行。
奥：建那些东西，不是浪费吗？我死之后，就像普通人那样，葬在普通的坟墓里就好了。

越：怪不得这一路，我没看到一个像泰姬陵那样伟大的建筑。
奥：伟大是要花钱的。我可不喜欢乱花钱，我喜欢赚钱。
越：皇帝也赚钱？这倒新鲜！怎么个赚法？
奥：就是抄抄经书，织织帽子什么的。你看，我头上戴的这顶帽子就是我自己织的。
越：天，您可是当今世界最富有的皇帝啊！怎么这么抠门？
奥：你是不是对"抠门"有什么误解？我这叫勤俭节约。
越：做皇帝嘛，该大气的时候还是要大气。您都这么节约，老百姓该住狗窝了！
奥：老百姓就应该像我这样，不抽烟，不喝酒，不跳舞，不唱歌，不画画，不贪图享乐——难道你没发

名人来了

奥：现宫里没有舞女，没有艺人，也没有歌唱家吗？全都被我赶走了。我对那些没兴趣。

越：那您对什么感兴趣？

奥：统一印度，让所有印度人都相信伊斯兰教，不要相信什么印度教或者其他什么教。

越：印度宗教这么多，如果不愿承认印度的其他宗教，那统一可不是一件容易的事呢。

奥：是挺难的。前儿来了一群英格兰商人，说只要让他们在印度做生意，就可以用大炮帮我们。

越：是东印度公司的人吧？那您可要防着点。

奥：一帮小商人，只是想整点亚洲的特产，卖到欧洲赚点中介费，有什么可防的？

越：他们不是有大炮吗？要是反过来对付你们怎么办？

奥：……

越：您就别打了。现在莫卧儿帝国已经是世界上最大的帝国之一了，再大您管得过来吗？

奥：（叹气）唉，是啊。因为帝国最大的问题是，帝国太大，无人管理，一片混乱。本来我想把帝国分成几块，让孩子们去管理，可是他们不听我的！

越：他们不是挺怕您的吗？看见您就打哆嗦的那种。

奥：我现在是一个快要入土的老人了，还有什么可怕的？唉，我死了不要紧，我最伤心的是，我居然把印度搞成这样，真是罪过啊罪过（哭泣）！

越：还是阿克巴大帝聪明，与其要一个疆域辽阔的帝国，不如要一个四海安定的国度。

奥：唉！

越：唉，做都已经做了，现在后悔也没用了。陛下再见！

（注：1707年，奥朗则布去世后，莫卧儿帝国渐渐分裂，最后在英国人的紧逼下一步步走向灭亡。）

广告贴吧

🐱 宫中将举办细密画展

您了解细密画吗？细密画是一个个画师以极其复杂、精细的工序纯手工绘制的，每一张画需要花费少则数周，多则数月的心血。画中的景物，不论是神，还是人，不论是花鸟走兽，还是江河山川，都必须刻画得纤毫毕现，精彩细腻。

为了让大家近距离地了解细密画，在陛下的支持下，宫中将于下周五举办一次小规模的细密画展。本次参展画作既有宫廷仪式、日常生活、风土人情，又有肖像画、花鸟画，画法精细，刻画传神，属细密画中不可多得的作品。参加的画师主要来自波斯。欢迎有兴趣的官员前来观赏、品鉴。

宫廷画师团

🪴 好消息

好消息，好消息！叮叮当时钟店开业了！为了满足贵族们对钟表的喜爱，本店特意从葡萄牙、英国等欧洲发达国家，采购了世界最先进的钟表！大钟、小钟、会唱歌的，会旋转的，各种钟表一应俱全。欢迎各位顾客前来选购。

叮叮当时钟店

🕰 沉痛悼念伟大的国王西瓦吉

我们伟大的马拉塔王国国王——西瓦吉，不幸在昨天去世了。在他短短的50多年里，他和莫卧儿王朝进行了长达35年的战斗，最终，把我们马拉塔人团结起来，建立了马拉塔王国。他是一位了不起的大英雄，我们将永远怀念他。

马拉塔王国

智者为王 第④关

1. 罗斯国是哪个国家的古国?
2. 征服罗斯国的是蒙古的哪个汗国?
3. "卡利达"是什么意思?
4. 顿斯科伊是指谁?
5. 俄罗斯的标志是什么?
6. 伊凡四世最崇拜的是哪个古代人物?
7. 俄罗斯要通向欧洲,必须经过哪个海洋?
8. 俄罗斯还未强大时,东欧最强大的国家是哪个?
9. 俄国农奴制开始形成于哪一年?
10. 伊凡四世利用什么人吞并了西伯利亚汗国?
11. 莫卧儿是什么意思?
12. 印度最流行的是什么宗教?
13. 泰姬陵是泰国的建筑吗?
14. 莫卧儿帝国的第六位帝王,也是最后一位皇帝是谁?
15. 莫卧儿王朝流行的是什么画?

智者无敌 王者为大

智者为王答案

第①关答案

1. 魏明帝曹叡。
2. 邪马台。
3. 陶器。
4. 不是。
5. 冠位十二阶。
6. 中大兄皇子。
7. 阿倍仲麻吕。
8. 鉴真。
9. 《怀风藻》。
10. 文宣王。
11. 京都。
12. 关白。
13. 庄园主。
14. 法皇。
15. 源赖朝。

第②关答案

1. 武田信玄和上杉谦信。
2. 本能寺之变。
3. 镰仓幕府。
4. 丰臣秀吉。
5. 丰臣秀吉。
6. 大明。
7. 东京。
8. 德川家康。
9. 荷兰人和中国人。
10. 箕子、比干、微子。
11. 西汉。
12. 乐浪、临屯、玄菟和真番。
13. 马韩、辰韩和弁韩。
14. 新罗、百济和高句丽。
15. 金春秋。

智者为王答案

第❸关答案

1. 新罗。
2. 1894年。
3. 徐熙。
4. 金国。
5. 元朝。
6. 指山林。
7. 李成桂。
8. 李芳远。
9. 世宗大王李祹。
10. 燕山君。
11. 雨量计。
12. 会说话的人。
13. 会摇橹桨的人。
14. 乌克兰。
15. 基督教。

第❹关答案

1. 俄罗斯。
2. 金帐汗国。
3. 钱袋。
4. 德米特里。
5. 双头鹰。
6. 恺撒大帝。
7. 波罗的海。
8. 波兰。
9. 1497年。
10. 哥萨克人。
11. 蒙古。
12. 印度教。
13. 不是，是印度的。
14. 奥朗则布。
15. 细密画。

世界历史大事年表

时　间	世界大事记
公元5世纪	大和国基本统一日本
646年	日本实行大化改新
676年	新罗统一三国
862年	诺夫哥罗德建立第一个罗斯公国
882年	基辅罗斯公国建立
918年	王建建立高丽王朝
988年	弗拉基米尔把基督教定为国教
1192年	幕府时代开始
1231年	高丽向蒙古称臣
1242年	罗斯诸公国向金帐汗国称臣
1392年	李成桂建立朝鲜王朝
1480年	俄国人民彻底摆脱蒙古人的统治
1547年	伊凡四世正式加冕为俄国第一个沙皇
1526年	巴布尔在北印度建立莫卧儿帝国
1552年	俄国征服喀山汗国
1581年	俄国哥萨克人入侵西伯利亚
1582年	织田信长被逼自杀
1590年	丰臣秀吉统一日本
1592—1598年	朝鲜壬辰卫国战争
1653年	印度泰姬陵建成